面向未来的高质量新城发展之道——

凯州新城
大师工作营

FUTURE-ORIENTED HIGH-QUALITY DEVELOPMENT
METHOD OF NEW CITY——KAIZHOU NEW CITY
MASTER WORKSHOP

彭礼孝　黄晶涛　谢晓英　朱小地　　编著

辽宁科学技术出版社
沈阳

图书在版编目（CIP）数据

面向未来的高质量新城发展之道：凯州新城大师工作营 / 彭礼孝等编著 . —沈阳：辽宁科学技术出版社 , 2022.12
ISBN 978-7-5591-2799-0

Ⅰ . ①面… Ⅱ . ①彭… Ⅲ . ①城市发展－研究－德阳 Ⅳ . ① F299.277.13

中国版本图书馆 CIP 数据核字 (2022) 第 212968 号

出版发行：辽宁科学技术出版社
　　　　　（地址：沈阳市和平区十一纬路 25 号　邮编：110003）
印　刷　者：北京雅图新世纪印刷科技有限公司
幅面尺寸：210mm × 285mm
印　　张：18
字　　数：320 千字
出版时间：2024 年 6 月第 1 版
印刷时间：2024 年 6 月第 1 次印刷
责任编辑：杜丙旭、孙阳
特约编辑：赵　晨
美术编辑：陈　洋
责任校对：王玉宝

书号：ISBN 978-7-5591-2799-0
定价：288.00 元

序言

　　凯州新城地处四川省德阳市东部，处于成都经济圈范围内，拥有"成都区位、凯州成本"的用地优势。凯州新城自然优势得天独厚，依山为屏，栖水而生。依托成渝双城经济区的战略优势，德阳凯州新城顺势而发，融入"东进"，拥抱成渝。当前，德阳正举全市之力、中江正举全县之力，全方位推进凯州新城开发建设，推动其与成都东部新城同轴呼应、协同发展，努力将之打造成为"成渝走廊新支点、成德同城新通道、德阳经济新极核"。

　　像众多城镇化发展中的新城一样，凯州新城面临如何突破发展困局的挑战。如何以提高人民生活水平为目标，在发展中兼顾生态环境提升、文化历史传承、新型产业引入、新城特色打造等方面，探索具有自身特点的、顺应新时代发展理念的建设之路，成为目前凯州新城发展的重要挑战。

在此背景下,德阳凯州新城管委会与CBC建筑中心(都市更新(北京)控股集团)联合发起凯州新城大师工作营,大师工作营坚持以为文化引领,邀请各领域大师领衔,系统布局凯州新城定位、设计、运营、开发、建设等要素,有效提升区域空间价值,以从顶层谋划到落地实施的全过程陪伴式服务,助力凯州新城升维。大师工作营围绕"高起点规划、高标准建设、高品质发展"要求,建一座体现新发展理念的新城、产城融合的新城、绿色智慧的新城,全力实现再造一个产业德阳的目标。

　　未来,德阳凯州新城将以规划引领凯州新城高质量发展。同时,抢抓成渝地区双城经济区建设、成德眉资同城化等机遇,全力打造成渝走廊新支点、成德同城新通道,聚力建设产城融合、绿色智慧、宜居宜业的产业新城。

目录

第一章

CHAPTER 1

城市探索

URBAN
EXPLORATION

浅谈空间价值创造背景下的新城发展模式

彭礼孝　都市更新（北京）控股集团董事长，CBC 建筑中心主任，天津大学建筑学院特聘教授，
上海交通大学设计学院客座教授，中国城镇化促进会副理事长

新城发展历程回顾

我国新城新区的类型多、数量多。根据住建部统计，截至 2015 年，全国除港澳
台外的 31 个省、自治区、直辖市的市、县级以上新城新区共有 3652 个。经历了以沿
海开放和经济增长为目标的 20 世纪 80 至 90 年代和以区域协调发展、全面改革为目
标的 21 世纪第一个 10 年，新区建设迎来了新的历史使命。2010 年后，国家的战略
目标导向更趋多元，更加注重创新体制机制、自主创新、扩大深化开放、区域统筹、
产城融合等，这一时期设立和升级的国家级新城新区数量也最多。

近年来，有很多学者、专业机构就中国近 40 年的新城发展做了研究与评估。其中，
中国城市规划设计研究院领衔的研究成果《中国新城新区 40 年：历程、评估与展望》
一书中总结了新城新区发展中出现的一些现象，包括新区规划普遍存在把规划建设用
地面积做大的倾向，部分新区建设用地使用粗放、产城融合度不高，普遍存在公共设
施建设滞后、宜居水平有待提升的问题。而在开发区层面，存在产城严重分离、生活
配套功能严重滞后的现象，将制约其转型提升发展。

过去近 40 年的新城在快速发展的进程中出现了很多问题，千城一面，甚至出现"鬼
城"。这都是因为新城在发展前期的策划定位、建设时序部署上出现了误判；同时，高
速发展导致的新城承载信息和内涵不足也进一步加剧了这些问题。

空间经济时代与空间价值创造

美国学者乔尔·科特金曾说："哪里宜居，知识分子就会到哪里居住；知识分子到
哪里居住，人类的智慧就会在哪里聚集；智慧在哪里聚集，人类财富最终就会在哪里
汇聚。"进入 21 世纪的第二个 10 年，新城的发展逻辑早已从"产城人"转变为"城人产"，
社会发展亦从"土地经济"时代过渡到"空间经济"时代。

空间经济时代背景下，土地与区位不再是价值评判的唯一标准。附着在空间上的
信息与特质成为价值创造的关键。空间经济是一种去中心化的发展逻辑，在没有绝对
优势的区位条件下，由空间本身的特点、独特的要素，吸附人和产业，进而带动一系

列经济社会活动和经济发展。空间经济时代，空间价值的挖掘与创造成为发展的关键。

我们从国内外众多成功的地区和城市的实例中进行总结，分析其社会全面进步和发展的动因，虽然不能强行得出一个一般的原则，但去除表面的混杂信息，我们不难看出，这些实例都自觉或不自觉地对除地理条件之外的空间要素，如文化传统、历史、艺术等资源要素进行开发，形成新的"体验型经济"。在内容上，它们大多涉及产业提升、空间设计、事件引爆、社群营造、文化培育等；操作手法包括策划先行、运营前置、设计定制、覆盖全生命周期的项目操盘。它们通过对空间进行当代价值的再创造，给城乡发展找到新的活力，并使其兼顾社会发展、经济、文化、生态之间的平衡。我们将这一系列动作总结为"空间价值创造"。

未来新城发展路径

我国的新城新区发展已经走过近 40 年的历程，未来新城承担的核心任务、社会发展阶段以及人民生活诉求已经发生了重大转变。基于此，新城发展的模式与路径也不能依照原有的"产业布局—城区建设—吸引人才"线性逻辑，而应该以整体性策略提前进行布局。

未来新城新区作为国家战略重要抓手和空间载体，在新的国家要求和发展环境下应肩负起新的历史使命。不再简单地以经济载体和经济发展增长引擎为定位，而应该着眼于落实国家战略，从高质量发展、改革创新示范以及辐射带动区域发展等方向考虑未来的发展目标和定位。基于全国城镇体系发展规划和推进区域化发展战略，找准新城在城市群汇总的定位、产业优势，有效推进与更大产业链的连接，并建立在产业链中的特殊地位与竞争力，是新城发展的基石。在新区产业发展方面必须更加注重创新驱动和区域辐射带动能力的提升，高标准谋划产业发展，把新区建设成为创新发展示范区。

新城发展中，需要提供充足的创新空间，遵循客观规律引导创新功能布局。引入丰富大师资源，为新城提供高品质、多样性的创新空间，增强新城空间中的信息将有助于新城对人和产业的吸附。

在规划和建设中强调提升用地效率和产城融合水平。通过持续的事件引爆和社群营造，为新城居民提供高品质公共服务和生活，也将助力新城的品牌和产业升级，形成独属于新城的城市文化内涵。

参考文献：
1.《中国新城新区发展报告》冯奎
2.《中国新城》周春山
3.《中国新城新区 40 年：历程、评估与展望》王凯

凯州新城——成渝经济走廊上未来的工业明珠

新时代下的中国城镇化发展正处在由低质量发展向高质量发展迈进的关键转型期。面对国家号召以及发展不持续、环境污染、秩序混乱等城市建设难题，探讨新型城镇化高质量发展下的城市建设，成为新时代城市发展的重要课题。

战略定位

在中央"创新、协调、绿色、开放、共享"新发展理念和四川省委"一干多支、五区协同"发展战略的指引下，凯州新城于2019年5月建成，成为龙泉山东麓继淮州新城、简州新城、空港新城之后的又一座工业明珠。它在原成德工业园基础上规划建设，发展目标是"两年成势、五年成型、十年建成"。

明代《蜀中名胜记》曾记载一首杜甫的诗《游集虚观》，其中写道："凯州城下湍水流，凯州城隔多古丘。"千年凯州从诗人笔下走来，跨过岁月长河与新时代相逢。

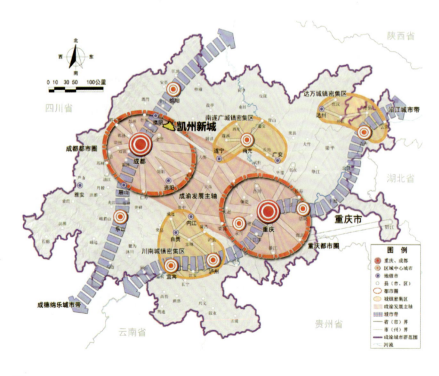

区位交通

　　凯州新城环境优美，气候宜人，森林覆盖率达 40.7%，是成都龙泉山城市森林公园的重要组成部分。其地处中江县域南部地区，西接成都、北靠绵阳、南邻遂宁，距成都中心城区 48km、成都东部新区 40km，距离重庆中心城区 200km、德阳城区 35km、绵阳城区 60km，南通北顺，内畅外达，具备和成都协调发展的硬件基础。

　　现已建成成巴高速、中金快通，在建成都经济圈环线高速、德遂高速，规划建设凯州新城客运枢纽、成都—三台城际铁路、成都城际外绕线、市域轨道 S1 线、市域轨道 S2 线、金简仁快速北延线、金简黄快速北延线、工业大道、什德中快速支线，构建"1345"立体交通系统。凯州新城距天府国际机场 70km，距双流国际机场 87km，距绵阳机场 51km，均在 1 小时车程内，轻松通达全球。另外，铁路交通上距中欧班列国际物流港 20km，是与成都物流联结最佳区域。通过蓉欧快铁到欧洲仅需 10 天，运输时间仅为海运的 1/3，运输成本可缩减为空运的 1/5。

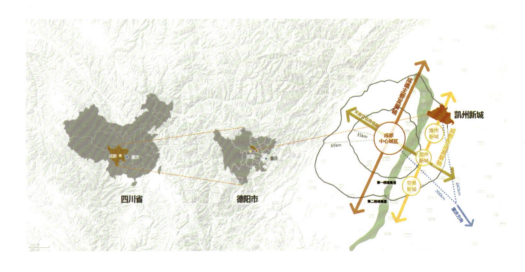

成渝双城新支点

　　成渝之翼，造梦凯州。成渝经济走廊是西部经济基础最好、经济实力最强的区域，中央提出建设"成渝地区双城经济圈"，为成渝两地发展注入强劲动力，成渝双城经济圈建设已成为国家重大区域发展战略中的重要一环。凯州新城位于成渝城市群"一轴两带、两核三区"空间结构的发展主轴上，是成渝相向发展的重要节点。《四川省人民政府关于同意设立成都东部新区的批复》明确成都东部新区将成为国家向西向南开放的新门户、成渝地区双城经济圈建设的新平台、成德眉资同城化的新支撑。协同支撑东部新区融入成渝地区双城经济圈建设，区位优势明显的凯州新城迎来新机遇。

成德同城桥头堡

凯州新城是成德同城示范区，是成德打造临港经济产业带的重要载体。成都跨越龙泉山一路向东发展，重塑城市经济地理，凯州新城在规划、交通、产业等方面与成都东部新区无缝对接，是成资临空经济产业带的主要协同区。

德阳产业主战场

德阳因产业而建，因产业而兴，工业经济规模仅次于成都，是驰名中外的"重大装备制造之都"。德阳市推动装备制造业再出发，在成德工业园的基础上，举全市之力，高起点规划建设凯州新城，着力打造德阳未来产业特别是高端装备制造产业重要承载区和集聚区。

生态价值：林盘水系，山脉绵长，链接内外，融汇古今

龙泉山"一山连两翼"，连接成都与凯州新城

成都市将打造龙泉山城市森林公园作为践行绿色发展、建设"公园城市"的重要举措。规划将龙泉山提升为总面积 1275km^2 的"世界级品质的城市绿心和国际化的城市会客厅"，并以龙泉山城市森林公园为中央绿心，实现城市空间格局从"两山夹一城"向"一山连两翼"转变。

人民渠融合"资源与城市的人民智慧"

四川人民渠是 20 世纪 70 年代的工程，由人工修建。从岷江引水到莲花水库，彭州桂花镇是渠首，干渠经过青白江、金堂、中江到三台鲁班水库。人民渠工程是都江堰灌区的一部分，最早是由唐代刘易从主持开挖，后来由于战乱荒废了，又在明清期修复，那个时期叫官渠堰，只能灌到彭州。民国时期断断续续修了几次，中华人民共和国成立后大兴水利，其被扩建后改名叫人民渠。都江堰灌区的人民渠流经中江县境内，位于都江堰的东南，始建于 1970 年，为人民渠第七期工程的一部分。

产业导向

凯州新城围绕"一中心、一区、一平台、六基地"的产业格局，着力构建"两主三辅"产业体系，即高端装备制造、新一代电子信息两大制造业，加上先进材料、健康食品医药和现代服务业三大配套产业，打造最具核心竞争力的装备制造新城、智慧数字新城、康养休闲新城。

在高端装备制造方面，德阳是中国重大技术装备制造基地，凯州新城依托德阳优势，重点发展工业机器人关键核心部件、基础件、加工辅具、集成应用，以及节能环保装备等产业。在新一代电子信息方面，凯州新城重点发展智能智造，电子信息产业生态圈基本形成，是西南地区最主要的电子器件生产基地，被列为"长江经济带电子信息产业集聚发展区"。

在先进材料方面，凯州新城积极培育先进材料产业集群，重点发展高分子复合材料、绿色建筑材料等产业。在健康食品医药方面，凯州新城所在的中江县，是远近闻名的"道地药材之乡""手工挂面之乡"，丹参、芍药、挂面三大地理标志产品远销海内外。凯州新城依托现有条件，构建健康食品医药生态产业链。在现代服务业方面，根据城市功能和产业发展需求，重点发展总部经济、科技服务、职业教育、商业服务、智慧物流、生态休闲、老龄产品等产业，打造科创空间和特色街区。

凯州新城坚持"生态优先、以产兴城、产城融合"，将发展逻辑从"产城人"转变为"人城产"，全力打造"宜居宜业、环境友好"的现代公园城市。统筹专业机构，从规划设计、建设方式、投资运营等环节对凯州新城进行一体化系统打造。

目前，凯州新城规划体系不断完善，主动寻求与毗邻地区协同合作，全面对接成都"东进"战略。高位推进与成都东部新区、淮州新城等地的协同发展：与成都东部新区初步达成合作共建飞地产业功能区的共识；与淮州新城探索边界深度融合发展，共同打造凯淮融合发展先行示范区；与新都、青白江、金堂等地产业功能区探索"生产＋展示""生产＋仓储物流""数字化智能化转型"等联动机制。

凯州新城要以成都公园城市示范区经验指导现代公园城市建设，以成眉高新技术产业带建设为典范，加快推动凯州新城装备制造产业集群成链发展，充分发挥地理区位优势，加快推进交通道路、基础设施、公共服务设施建设，不断提升新城综合承载力。打造具有全国影响力的同城化发展示范区，为德阳打造全省主干新高地，加快建设西部现代化典范城市作出新的更大助力。

大师工作营多领域专家把脉凯州新城发展路径

　　凯州新城的建设正蓄势待发，通过大师工作营这一由跨领域专家共同组成的高规格、开放式研究平台，挖掘并创造空间价值，助力凯州新城升维。在凯州新城建设大幕拉开的伊始，大师工作营规划、设计、产业、运营相关的专家共聚一堂，建言献策，为凯州新城未来的图景描绘浓重一笔。

　　在未来发展中，凯州新城将明确自身定位、完善城市职能，加快推动区域内优质资源均衡配置，进一步融入成都、重庆双城发展，提升德阳在国家战略格局中的显示度、影响力与竞争力，成为成渝走廊新支点、成德同城新通道和德阳经济新极核。

杨保军

住房和城乡建设部总经济师,全国工程勘察设计大师,教授级高级城市规划师

适应新时代城市的发展的凯州新城

对于凯州新城的建设,重点在于如何营造良好的人居环境,打造有吸引力、有特色、有魅力的城市,来适应新时代城市的发展,这也是产业转型升级、发展模式转型的要求。

今天再来看凯州新城的谋划,时机更好了。目前,发展是国家主旋律,而且是高质量的发展。因此,成渝作为国家西部的重要一极,成渝经济圈的发展有着政策方面的支持。

另外,基于新冠疫情的影响,怎么谋划未来的发展,也是一大重要命题。习总书记对城市的规划、建设、管理有新的指示。发展,要注重遵循经济社会的发展规律。城市群、都市圈和中心城市要发挥出区位优势,集聚要素,带动整个国家的发展。不应强调单个城市的不断扩展,应该对它的密度、功能有所约束,而在城市的发展空间组织上进行升级。像成都这一类的城市应当积极发展新城,带动周边,新城和主城之间以绿色的生态屏障隔离。对于新城,其发展强调的是职住平衡,同时要体现生态文明时代的特点。在此大背景下,凯州新城正当其时。只不过我们在谋划它的时候,要改变过去的方式,不能只求数量,不求质量;不能只抓经济,不管生态、社会和文化。

中国的人居环境,自古以来采用的是规划、建筑和园林"三位一体",并且是艺文合一的。在营造环境的时候并不是专注某一栋建筑做得怎么精彩,或者是专注某一个片区做得如何出彩,而是从大、中、小尺度讲究山水城人文高度的整体的融为一体。凯州将通过音乐艺术的注入,滋养出它的城市文化,用音乐艺术来对每一个人的生活方式产生影响,让音乐文化深入骨髓,用音乐来引爆这座城市。

凯州新城大师工作营在整个理念上符合国家对城市发展的新的要求,将以音乐为代表的艺术产业引入发展战略,是一个高水平、全方位且具有国际视野的策划方案,提出了通过音乐艺术滋养城市气质、引领生活方式的愿景。设计团队从自然的坐标和人文精神的坐标两方面提炼出了凯州新城的艺术骨架,秉承了"山水为脉、绿野为肌、文化为魂"的核心理念,从不同角度打造山水田园、诗意生活,符合成都人民蕴含千年的价值观,以及习总书记"牢牢把握人民群众对美好生活的向往"的指示精神。

杨晓刚

德阳凯州新城党工委副书记、管委会主任

挖掘凯州特色，打造新城典范

我们需要基于凯州新城的面积和区位，明确凯州的发展定位以及目标人群。凯州新城浓缩起来可以看作一个特色小镇，电子信息产业和智能制造产业是凯州的主导产业，将这些产业安置好，将眼光聚焦于当地特色营造，有助于将大师工作营的优势发挥到极致。如今网红经济非常热门，但我们更想要的是有持久生命力的城市。有生命力就要有产业，有产业就要有高端产业。城市是为了居民而打造的，所以宜居宜产非常重要。我相信在各位大师的指导下，凯州新城一定会发展得越来越好，成为新时代的新城典范。

朱小地

朱小地工作室创始人、主持建筑师

注重城市的多样性

虽然德阳离成都不远，但是能够繁荣到附近圈层的大城市并不多，所以我们还是要谦虚地认知城市，冷静地看待凯州的未来发展。目前，很多大城市正在吸纳周围中小城市的人力和财力，所以我们要正确认识凯州所面临的竞争环境，明确凯州新城吸引人群的关键，才能提高自身竞争力。我在自己的《中国城市空间的公与私》一书中提到，城市一定会存在博弈关系。城市的建设不一定会严格按照规划进行，会经历空间资源的反复理解和反复利用。我们需要考虑社会资源的合力，让它们能够广泛参与到建设中来，使城市更具有多样性。之后，凯州新城可以在政策制定上多进行研究，合理利用空间资源，创造更美好的环境。

连波

凯州新城总工程师

以全局性思维把控凯州新城建设

凯州作为一个基础薄弱的产业新城，目前正处在一次迎接国家战略布局的重要时刻，凯州希望能够抓住这次机遇，推动自己向更高的维度发展。但是在面对机遇的同时，也必然要经历各种挑战：如何避免千城一面，走出自己的特色；如何吸引更好的产业入驻，提供更好的产业支撑；如何在推动硬件设施建设的基础上，加持更多具有文化内涵的软实力内容，使得新城环境更加饱满；如何能够吸引人才，留住人才，培育人才，形成良好的创业氛围；如何在"劲敌林立"的环境中脱颖而出，走得稳，走得好……这些都是值得我们系统性思考的问题，因为以上的一切不仅仅是产业招商、产业发展的事情，也不仅仅是基础设施建设、城市文化塑造等某一方面的问题，而是需要有一个统筹的思维，要有一个全局的把控，需要有一个推手在更宏观的视角下去把控各个要素的完善和发展，使得彼此可以相互协调，遥相呼应，共同赋能。因此，未来的凯州新城致力于既需要打造宜人的生产、生活的环境同时，也要兼顾针对性、本土化的特征；既需要在满足入驻产业生产性需求的同时，也要对更广阔范围内的年轻人有吸引力，从而保证新城自我可持续的发展，始终具有旺盛的生命力。

如何在大城市周边打造既具有城市的文明，又保留乡村安宁的卫星镇，既能够全面发展实体经济，又能够带动乡村振兴的发展，是当下中国经济发展需要解决的一个课题，也正是凯州新城正在努力尝试探索的道路，这是凯州人的使命，所以此时在创业阶段的凯州需要各方力量和智慧的加持，给出意见，提出行动路径，希望能走出一条具有指导意义的发展道路。

王向荣

北京林业大学园林学院原院
长，《中国园林》主编，
北京多义景观规划设计事务
所主持设计师

美好生活就是强大的产业

我认为城市建设问题不是单靠一个方面的努力就能解决的。但是有一点可以确定，宜居、健康和诗意的城市一定对人有强大的吸引力。成都平原气候温和，拥有大自然所塑造的宜居环境，正所谓"少不入川，老不出蜀"。但是只有舒适的环境并不能构筑诗意的城市，同时也需要我们用心地去研究，将各方面都衔接好，才能创造出既风景优美，又符合当地人生活方式的田园城市。大师工作营的方案不是只考虑了凯州的自然条件，而是以整个四川川西平原的自然条件为依据，希望打造出一个与环境相吻合的新城。这样的城市在生态健康方面极具弹性，可以动态变化。在我看来，美好生活便是强大的产业。只有这样的环境构筑好了，才能创造出诗意的山水，才能创造美好生活。

黄晶涛

中国城市规划协会副会
长，天津大学建筑学院教
授、博士生导师

顶层规划助力城市发展

虽然抢占先机很重要，但是罗马并不是一天建成的，任何一个城市都需要慢慢地发展。凯州新城作为城市的一个支点，需要做长远孵化的准备。在城市设计方面，尤其是在之后对具体行动过程的指导意义上，我希望能够做一些创新。在过去的30年中，城市建设虽然取得了一定成就，但同时也使城市失去了很多原本的活力。

党的十九届五中全会报告提出的"2035年人民生活更加幸福美好"的发展目标，让我十分感动。在新时代里，我们可以复盘上个时代发展的经验，但却不能准确预测未来城市的发展方向。规划正是一种强有力的工具，与城市的命运紧密相关，因此在未来我们更要好好利用规划，为城市谋求更好的发展。

朱 玲

天津大学英才教授

后疫情时代，生活方式正在升维

我想回应两个问题：一是宜居能不能够吸引人；二是网红建筑能不能引爆。举个例子，我曾从马德里坐6个小时的车去看毕尔巴鄂美术馆，在这次旅行中我观察到，这个城市不只有一个知名美术馆，还有很多国际大艺术家和设计师的作品，这在当地已经变成了一种集合效应。

在后疫情时代和5G时代，更加潮流一点的词是"健康城市"。这里的"健康"不是指医疗和养老，而是指宜居，指对人群的吸引。国家很早就在论证"双循环"政策，只是在新冠疫情之后才提出来，因为5G平台几乎可以彻底改变我们的生活方式。在这种情况下，塑造宜居的环境，打造健康的循环，才能实现人们美好的愿景。

韩云峰

中林候鸟旅游规划设计院
（北京）有限公司院长

文化产业带动城市发展

虽然高科技产业会快速带动地区经济发展，但是我认为应该站在更广阔、开放的视角去思考这个问题。举个例子，摩纳哥是欧洲的一座城市，虽然没有产业基础，但是城市依靠厚重的文化底蕴得到了很好的发展。人们纷纷从世界各地来到这里，只为寻求一种更好、更时尚的生活方式。正是因为人们的内心深处都有追求美好生活的愿望，所以文化才能成为当地的主产业，带动城市发展。

凯州新城拥有良好的自然环境和丰富的文化资源，可以用好吃的、好玩的把人们吸引到这里来，更可以凭借好的山水和宜居环境把人们留住。城市从打造美好生活入手，为人们提供安逸舒适的居住环境以及时尚的生活方式，自然就形成了自身独特的文化产业。

李津莉

天津大学城市规划设计研
究院顾问总规划师

以人为本的凯州新城

前一阶段的城镇化体现出来的特点是快速，而新型城镇化最大的特点是以人为本，强调发展的质量。虽然现在中国有些一线城市的影响力与活跃度已经处于世界前列，但二、三线城市（除了古城古镇）中千城一面的现象比比皆是。未来的城镇化一方面是大城市的城镇化，另一方面也包含了中小型城市和县域的城镇化，这就需要呈现城市自己独特的韵味和特征。

过去的工业化优先、生态退位和文化缺位导致了人文特质缺失的千城一面，所以在这次的凯州实践中我们希望进行理念转变与方法突破。尊重自然，顺应自然，同时对凯州新城的人文需求、地缘特征、文化传统、历史格局进行梳理，再与当地居民的生活方式和发展模式相结合，这样设计出来的凯州新城应该是不可替代且独一无二的。

翟　佳

中国爱乐青少年交响乐团
团长

发展以音乐为核心的产业链

音乐是世界上最美好的语言，素质教育特别地重要，做乐团也是做教育，不管是合唱团、交响乐团，我们未来还是要做基础教育，让更多的孩子在音乐中感受到乐趣。

好的环境本身跟音乐的关系密不可分，凯州拥有得天独厚的自然资源，在这样的环境下，我们就立刻有一个想法，凯州新城可以做室外音乐节。另外，音乐需要多元化，将凯州的音乐资源做足。好的音乐家认可这个地方，其他的跟音乐有关的资源自然就会跟着过来了。

张旭东

北京国家音乐产业基地创
始人，国家音乐产业促进
会副会长

通过音乐打造城市品牌

引入国际产业资源，建议发起"凯州国际音乐产业博览会"，目前国内有各种论坛、音乐节、演出，但没有一个综合性、国际性的博览会。

通过音乐打造城市品牌，扩大国际影响力，建议请国际顶级音乐家、交响乐团共同创作一个"凯州篇章"的交响乐，在我们音乐公园，每年都请不同的国外知名交响乐队做新年音乐会，同时也作为"爱乐"的演出曲目，全世界巡演。通过国际大师专业能力、品牌影响力、个人朋友圈的人脉渠道推广凯州。

要与人工智能产业互动。无论音乐产业还是智能产业的核心都是人，要建立音乐内容与智能技术的结合，创造新经济的消费场景，所以凯州应该是中国音乐与智能应用研发的中心。

第二章

CHAPTER 2

发展
机遇

DEVELOPMENT
OPPORTUNITY

从顶层谋划到落地实施的全过程操盘
——凯州新城大师工作营

引语:

　　凯州新城地处四川省德阳市东部,距离成都主城区仅60km,生态环境优越、交通区位便利。2017年起,成都市提出以"东进、南拓、西控、北改、中优"为发展战略,优化城市空间格局,推动区域协调发展。凯州新城作为与成都东部三城共同承接成都外溢产业功能的新区,积极融入"东进",成为成德同城化发展的前沿阵地。

　　过去我国城镇化发展中的新城,普遍存在着盲目圈地建设、过度房地产开发、产业缺失、人气不足、公共配套不均衡等一系列问题。

　　在此背景下,CBC建筑中心(都市更新(北京)控股集团)采用"大师工作营"的工作模式,对凯州新城的整体发展进行通盘谋划,为凯州新城创造特有的空间价值,通过文化传承、事件引领、社群营造来打造一座产城融合、绿色智慧、充满活力的新城。

新城宏图

　　凯州新城距离成都主城区约60km,处于成都"东进"战略纵深之上,是成德同城化发展的新节点。这里地处龙泉山与盆地的交界处,山环水绕,一派田园风光。区域内水系发达,有水库、水塘、溪流等多种水环境,还有重要的历史人文景观——人民渠。凯州新城的人民渠属于都江堰人民渠第七期工程,是中华人民共和国成立后四川省建成的第一座大型水利工程。它将岷江水通过都江堰灌溉到成都平原北麓丘陵地带,解决了当地农田十年九旱的问题,使成都平原国家战略储备粮基地面积扩大一倍。人民渠流经新城的区域与山、水、林、田、湖形成丰富的渡槽景观,构成了凯州新城的历史人文底蕴和地方特色风貌,传承着当地人民吃苦耐劳的精神品格。

　　2013年,成都、德阳政府在这一带创建成德工业园,主要承接从成都转移的产业,如电缆、家具制造等。2019年5月,在成渝城市群建设和成都"东进"的背景下,德阳市在原成德工业园基础上设立凯州新城，按照"两年成势、五年成型、十年建成"的总体目标，强力推进规划、建设、产业"三大攻坚战"，围绕高端装备制造主导产业，全力打造成渝走廊新支点、成德同城新通道、成都东部新区协作区。

有别于低端产业主导的成德工业园，凯州新城未来将以工业机器人、节能环保设备、节能环保材料、5G产业等高端装备制造、新一代电子信息产业为主导。新城的规划，将"生态""宜居"作为首要原则，营城理念由"产城人"向"人城产"转变，围绕青年人的需求，打造"产城融合、职住平衡、生态宜居"的人文公园新城。

CBC建筑中心联合德阳凯州新城管委会共同发起凯州新城大师工作营，遵循策划先行、运营前置、规划引领、设计定制和持续熬制二十字工作方针，汇集策划、规划、景观、建筑等各领域顶级专家，基于凯州新城的环境、人文、产业基础，结合新时代发展需求，通过共同研究的方式，谋划凯州的城市升维和产业定位，助力凯州新城成为新时代中国新城建设的典范。

方法与策略

面对凯州新城建设的复杂课题，CBC建筑中心运用大师工作营的操盘模式，融合策划、规划、景观、建筑、产业、运营等跨领域专家，共同探索凯州新城的发展方向。

CBC建筑中心的大师工作营模式是一种创新的、系统性的解决城乡发展难题的"共谋"模式。在城市建设过程中，每一个阶段需要不同的人才，整体工作需要各种专业的交叉融合、相互支持。有别于传统的背对背的线性开发模式，大师工作营将策划、规划、景观、建筑、文化、产业、运营等不同专业背景的团队集合在同一个工作平台，以"面对面"的方式协同工作，为地区勾勒整体性发展蓝图。

CBC建筑中心还采用建筑集群设计的形式，邀请众多国内外知名建筑师，以网红建筑作品赋能凯州新城，以持续性事件、社群营造共同激发凯州城市活力，汇聚多元化复合业态，打造未来能够吸引年轻人的时尚领地。

凯州新城大师工作营

顶层设计：多领域总师领衔共谋新城蓝图

凯州新城大师工作营的全称是凯州新城中央公园及城市核心区大师工作营。由CBC建筑中心主任彭礼孝担任总策划师，天津大学建筑学院教授黄晶涛担任总规划师，无界景观工作室主持设计师谢晓英担任总景观师，朱小地建筑工作室创始人、主持建筑师朱小地担任总建筑师，集合多领域智慧勾勒凯州新城发展空间蓝图。

大师工作营充分尊重凯州新城原有自然地理环境，将中央穿城而过的人民渠周边区域留出，打造蓝绿交织的城市中央公园，为新城提供高品质的公共空间和生态环境。以谢晓英领衔的景观团队负责中央公园的景观设计，以黄晶涛领衔的城市设计团队负责城市核心区的城市设计，共同完成新城的空间规划设计工作。

策划：成渝经济圈的"音乐客厅"与"智造高地"

基于成都"国际音乐之都"的发展战略和建设公园城市的政策东风，项目总策划师彭礼孝提出在凯州新城建设"中央音乐公园"。围绕"音乐，让历史流进未来""成都年轻人的时尚领地"两大核心定位，结合凯州新城的生态自然优势、人民渠历史记忆、宏观战略区位优势，打造以音乐艺术为主题的凯州新城中央音乐公园。通过中央音乐公园的事件、运营发挥空间价值创造的作用，进而带动周边土地开发和外围产业的发展。

在德阳市大力实施《中国制造2025》背景下，凯州新城的主导产业将从传统制造业升级为高端装备智造和电子信息产业。策划团队提出在凯州新城搭建"智能样板间"，推动"互联网＋智造"和"装备智造大数据"升级工程，建设融办公、体闲、社交、生活等多种功能于一体的"产业社区"。

以中央音乐公园为起步区，通过邀请知名建筑师展开集群设计、音乐主题业态植入，为凯州新城注入产业内容；将人民渠作为背景打造金色大厅，在此举办一系列音乐节、艺术节等文化事件，赋予凯州新城持久活力；通过社群营造空间氛围，形成完整的消费与生活体验，构建城市品牌和竞争力。

规划：功能复合的田园小镇集群

总规划师黄晶涛领衔凯州新城核心区总体城市设计，方案注重山水脉络与城市结构的有机融合，为城市的有机生长留出弹性的发展空间；构建山水田园式公园城市，布置灰绿结合的绿色生态基础设施，努力营造"城市在自然中，自然在城市里"；构建林盘景观系统，实现人民渠文化 IP 与城景的交融。

梳理具有"川西林盘"特色的基底，以人与自然和谐共生的经验为示范，以现状山水格局为框架，把城市和生态环境作为一个"生命有机体"整体设计。通过"理水脉、留田廊、塑山体、置节点、通路网、划功能"六个步骤，建立"一廊、两轴、四带、六区、多链"的功能结构，以人民渠景观廊道为核心与区域制高点，向南北拓展圈层，从而构建空间关系，形成功能复合的山水田园小镇集群格局。

"理水脉"即根据地形地貌梳理汇水通道；"留田廊"即根据地貌梳理田廊、滨水廊道；"塑山体"即梳理山体资源，重塑山景；"置节点"即结合人民渠景观轴，布置景观节点；"通路网"即结合地形地貌，规划道路系统；"划功能"即在开放空间和交通系统框架下确定开发地块，结合区位、交通、景观特征进行功能布局。

景观：以人民渠为主线的山水公园城市

人民渠横贯凯州新城东西，是新城联系成渝都市圈的重要纽带，承载当地的人文历史和地方归属感。总景观师谢晓英带领的景观团队充分尊重自然肌理和历史记忆，依托新城优质的山水林盘体系，保留现存的渡槽景观，以人民渠作为贯穿公园东西的主线，沿途打造多样的滨水空间，讲述人民渠的历史，构建蓝绿交织、宜居宜游的山水公园城市。

以人民渠这一标志性水利设施为背景，将现状农田绿地、树木、水塘、水渠、荷塘等元素保留在公园之中，结合地势现状、人民渠各段落特点与规划路网，将中央公园分为六个景观片区，分别为金色大厅、翠林绿谷、长虹秋水、宏伟花海、山中碧湖、无限悦径，由人民渠步道系统由西向东整体串联。

历史流入当代：劲松渡槽前的草坪音乐会

金色大厅片区总面积约 93hm^2，整体地势为两丘夹一谷，农田水塘错落排开，浅丘绿树掩映着农家，其空间现状与场景特色，为景观设计优化提供了良好的基础。

建成于 20 世纪 70 年代的劲松渡槽，是示范段内跨度最大的渡槽。这座由当地村民与知青共同建造的水利灌溉设施将成为公园的核心标志，并承载核心区更多新功能，带来更多活力。

金色大厅片区由公园彩林大道串联起四大重要节点，分别为草坪音乐会、莲池镜湖、季节性湿地与荷塘月色。四种场景能够满足不同规模的音乐活动和日常活动需求。

建筑：凯州新城规划展览馆

总建筑师朱小地主持设计了新城第一个地标建筑——"凯州之窗"。"凯州之窗"是凯州新城第一个公建项目，也是新城对外展示的第一站，对城市第一印象有代表性意义。其设计呼应"山水生态之城"的总体发展要求，以新颖的内涵和独特的创意力图吸引更多人的流入。

凯州新城规划展览馆的正前方是一片水面，人们可以通过水面上的斜坡直接登上展览馆顶层观景。特意设计的空隙则是一扇巨大的窗口，从后山可以看到水面，从水面可以望见山景。穿行其间，既能看到自然美景，也能看到人文历史，更能看到人在其中漫步、穿行、登高远眺。人、建筑与自然在此融为一体，形成一幅人在画中游的画卷，成为凯州新城标志性的人文景观。

集群设计：事件引领下的设计与营造

为了提升城市的吸引力和关注度，激发凯州城市活力，CBC 建筑中心采取"建筑师 + 流量建筑 + 复合业态"的策略，邀请到众多国内外知名建筑师，在凯州新城 0.8 km² 的启动区示范段（金色大厅区域）开展集群设计。希望以众多的设计作品赋能凯州新城，塑造丰富多样的城市空间，汇聚多元复合化业态，通过网红运营形成打卡胜地。通过"设计 + 社群 + 事件 + 产业"闭环良性循环，以持续性事件、社群营造吸引国内外的音乐爱好者社群，给新城注入活力。

CBC 建筑中心采取"运营前置"的理念，在建筑设计之前预先谋划适合植入的功能和业态，并进行文化、艺术品牌的预招商谈判。凯州新城启动区示范段的集群设计中，预先确定的运营思路为建筑师的设计提供了指引。

凯州新城示范区未来建成后将成为凯州新城重要的"文化 + 自然"休闲体验公共

空间，由山谷剧场、人民渠渡槽博物馆、凯州婚礼堂、艺术家山谷聚落、山谷文化客厅、相遇茶社等构成。

凯州新城国际青年设计师竞赛——丰富多样的新城空间美学

凯州新城国际青年设计师竞赛以凯州新城的实际环境作为基底，以中央公园为载体，以其中的预留建设地块与人民渠沿线作为设计区域，征集有创意的城市空间设计方案及其后期运营理念，为凯州新城的未来提供多样化的发展路径。

竞赛不针对凯州新城的整体布局、宏观策略，而是直接从具体场地入手，进行微观层面的研究与小尺度介入，强调设计与社会并重，范围包括但不限于城市修补功能类、健康运动设施类、智慧城市家具类、公共艺术小品类、城市照明与标识类等能够激发城市活力的建筑物，并同时提出后期运营理念，为日常生活的丰富与生动提供新的视角、新的舞台和新的焦点，营造出一个更加宜居、生态、健康的新城。

竞赛共有来自全球 40 多个国家的 600 多组知名院校学生、青年设计师参与报名，最终甄选出一等奖 1 组、二等奖 3 组、三等奖 8 组、优秀奖 18 组。来自浪潮建筑事务所（美国）的作品《凯州新城 陀螺体育公园》获得一等奖。

大师工作营陪伴凯州新城动态有机更新

凯州大师工作营是全生命周期的项目操盘，涵盖前期的初步分析和整体性策划，中观和宏观层面的规划，微观层面的设计以及后期的运营、管理。自凯州新城的建设启动以来，大师工作营持续对凯州新城进行整体性研究、谋划、管控和实施。其间，政府领导督导支持，总师团队全程领衔把关，专家顾问针对专项问题指导支持，各专业设计团队精心创作，CBC 建筑中心团队进行全过程统筹管理，共同助力凯州新城成为新时代中国新城建设的典范。

团队组织

聚集国内外多家在策划、开发、设计、业态、运营、资本等领域的顶级专家大师团队，群策群力，打造统一的工作平台。

总策划师

彭礼孝

都市更新（北京）控股集团董事长，CBC 建筑中心主任，天津大学建筑学院特聘教授，上海交通大学设计学院客座教授，中国城镇化促进会副理事长

城市更新领域的策划专家及城市更新项目全过程操盘专家，担任济南新旧动能转换区总策划师、凯州新城中央公园总策划师、陕西榆林古城更新总策划师、江西永新古城总策划师等。他所创建的都市更新（北京）控股集团是中国城市更新领域全过程操盘专业机构，为地方政府提供城市更新的一揽子解决方案。担任多个地方政府的城市发展顾问，并担任中国建筑学会建筑评论学术委员会常务理事、中国建筑学会建筑媒体委员会理事、人民日报中国城市报城乡创新专委会副主任委员兼秘书长、全球城乡创新发展研究中心主任等。

总规划师

黄晶涛

中国城市规划协会副会长，天津大学建筑学院教授

雄安新区（《总体规划纲要》阶段）总规划师之一，国务院政府特殊津贴专家。曾获联合国不动产金奖，全国优秀城乡规划设计一等奖 2 次、二等奖 2 次，全国优秀村镇规划设计一等奖 1 次、二等奖 1 次，中国土木工程詹天佑优秀住宅小区金奖 2 次。代表项目：天津环城铁路绿道公园规划、雄安新区规划、厦门沙坡尾传统社区有机更新规划、黄帝陵国家文化公园规划设计、天津西井峪传统乡村振兴行动规划。

总景观师

谢晓英

中国建设科技集团中央研究院城乡风景园林研究中心副总工，中国城市建设研究院风景园林规划设计研究院副总工，无界景观工作室主任、主持设计师

擅长整合相关领域专家跨界合作，融合跨界智慧；运用专业手段协调人与环境关系，缓解生存压力，建立良性可持续的生活方式，激发民众活力和场地生产力，提升安住者的幸福感、归属感。

主持完成多个国内外具有影响力的项目，获得国家级和省部级一等奖5项，二、三等奖50余项，并受邀国际建筑师协会于2021里约世界建筑师大会（UIA 2021 RIO）发表主题演讲。代表作品：埃塞俄比亚首都亚的斯亚贝巴友谊广场（Sheger Park）景观设计、北京城市副中心行政办公区景观规划设计与先行启动区景观设计、北京大栅栏片区杨梅竹斜街环境有机更新、北京中信金陵酒店（谷泉会议中心）景观设计、江西夏木塘村中心景观设计及"大地绣花"村镇复兴计划、福建漳州西溪郊野公园景观设计等。

总建筑师

朱小地

朱小地工作室创始人、主持建筑师

享受国务院政府特殊津贴专家，住建部科技委建筑设计专业委员会副主任委员，住建部节能绿建专业委员会委员，中国美术家协会建筑艺术委员会副主任，清华大学双聘教授。代表作有：又见五台山剧场、又见敦煌剧场、北京城市副中心行政办公启动区总体规划及南区建筑设计、五棵松冰上运动中心、秀吧等。

大师工作营设计范围

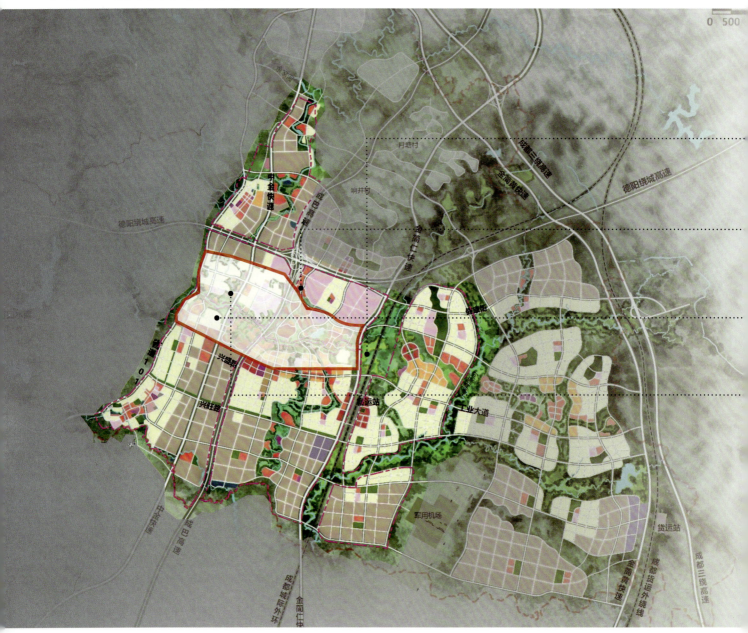

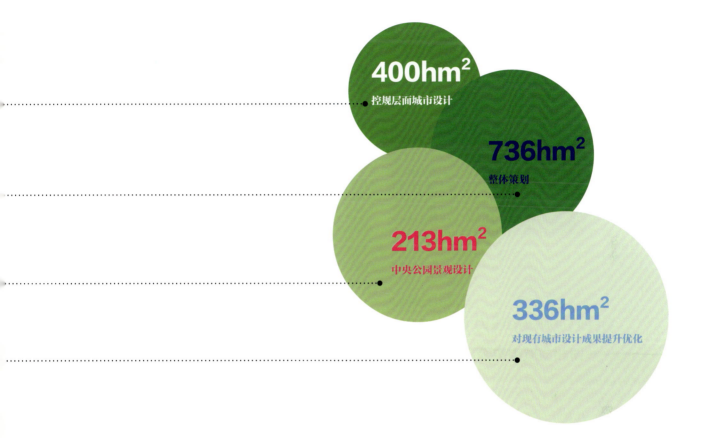

策划

　　凯州新城中央公园带两侧约 736hm^2 建设用地，进行开发、品牌、业态、活动四个方面策划。

城市设计

　　凯州新城中央公园带两侧约 736hm^2 建设用地，要求团队对其中 400hm^2 进行控制性详细规划的城市设计，其余 336hm^2 在现有城市设计成果的基础上进行优化提升。

景观设计

　　凯州新城中央公园设计面积约 2.13km^2（约 213hm^2/3200 亩，含水域范围）。

策划 PLAN

彭礼孝

都市更新（北京）控股集团董事长
CBC 建筑中心主任
天津大学建筑学院特聘教授
上海交通大学设计学院客座教授
中国城镇化促进会副理事长

定位凯州新城发展方向及空间格局
——凯州新城中央公园及城市核心区策划

"凯州新城以中央音乐公园为起点与核心，通过设计、文化、艺术等多元的生活方式及产业内容，赋予其持久活力。"

策划范围

此次策划的范围是凯州新城中央公园带两侧约 736hm^2 建设用地。

策划目标

在德阳城市总体规划、凯州新城战略发展规划等上位规划的基础上，根据德阳市地域特点和人文风情，结合现状条件，贯彻经营城市和可持续发展的指导思想，对中央公园"规划、建设、运营"全过程进行系统性策划。凯州新城策划方案共包含开发策划、品牌策划、产业业态策划、活动策划四个方面，通过设计创造空间价值、事件激活空间价值、社群营造空间价值、产业培育空间价值的四位一体，为凯州量身定制创新高效的发展路径，为核心区的未来发展及后期的规划、设计、建设、管理等工作起到引领作用。

凯州新城，让历史流进未来

　　凯州新城在一半山水一半城的规划定位下，享受成都建设公园城市的东风，建设国际化标准的中央音乐公园，提供音乐产业向上发展的完备条件，同时满足人们的日常需求，将音乐引入当地生活，探索城市中央公园未来发展的新模式，为凯州新城打造一张闪亮的城市名片。

　　策划团队以"空间价值创造"的理论基础，将信息、故事、情感，还有周围的景观汇总，共同生发出独特的价值，逐步引流资源，吸附人口和产业，创造独属于新城的空间价值，带动社会经济变化发展。

凯州新城优势

面对如何挖掘凯州新城的价值这一命题,策划团队首先着力挖掘凯州的优势。凯州新城区位条件优越,与成都、德阳的距离近,有一定的竞争力。交通条件便捷,高速路、快速路等可实现与外界快速通达,保证了区域的可达性。同时凯州还拥有着中江县的人群基础,发展条件良好。在成渝双城经济圈建设已经成为国家重点发展战略的当下,凯州要积极融入东进,成为成德同城发展率先突破的前沿阵地。

人民渠也是凯州得天独厚的优势资源,是非常值得保留的、具有历史价值的遗产。正如其他很多保留下来的古老构筑物,它们往往是一个地方的代表性符号,也是连接历史与现在的载体。年轻人没有经历过的历史和正在经历的现实处于同一空间,会带来古与新交织的更为强烈的体验感。

在凯州新城,要把人民渠的作用发挥到极致。人民渠贯穿整个凯州新城,沿线有着多样化的地形和不同的使用现状:有的临水,有的临山;有的上行,有的下凹;有的正在使用,有的闲置。丰富的条件使未来可以有很多可能性。以人民渠为背景展开音乐公园设计,结合未来的活动大事件进行场景营造,让人民渠成为真正的城市名片。除了作为地标,在凯州新城的一系列 IP 塑造中,人民渠也将是一个核心要素。

创新策略

凯州新城以音乐为主题,以发展成为中国新城发展标杆、国家级综合试验区为目标。在策划过程中,回应公园城市的主题,采用一半山水一半城的策略,充分发挥凯州新城自然资源优势,以设计大师的力量打造宜居环境,以接驳成都外溢资源。

强化音乐主题,打造城市 IP,充分发挥成都音乐资源优势,以音乐主题、音乐产业为核心,聚集音乐社群,构建起具有全国影响力的中央音乐公园,增强凯州新城的磁吸力。

注重整体化运营,打造以美好生活为导向的产业新城。以音乐、户外、亲子、婚礼为四条主线,营造极致的生活场景,实现有主题的复合式业态覆盖,吸纳"无专业边界""无年龄边界"的消费群体,让"休闲之都"的成都人把凯州新城当作生活休闲的后花园。

聚焦年轻人,以人兴城。把握年轻客群需求,精准地抓住 Z 世代、95 后、00 后的需求,更好地满足新生代用户情感性、体验性、社交性的需求,用线下强社交、强体验性场景的特点去连接更多的年轻用户。注重创新与个性,为年轻人提供创新社交空间,从而驱动年轻消费者"打卡"与自发传播。

提炼区域优势,以优美独特的山地景观,区别于城市景观的千篇一律,营造设计感强、个性化、时尚感的空间氛围,提供多样化、沉浸式的户外自然体验。

目标定位

音乐,让历史流进未来。

以国际标准建设中央音乐公园,不仅针对音乐爱好者群体,也同时满足人们日常需要,具有实用性和日常性,探索城市中央公园未来发展的新模式。

成都年轻人的时尚领地。

保留成都蕴蓄千年的生活观,引入当今成都年轻人的活力生活方式,构建成都年轻人的时尚休闲目的地。

品牌策划

凯州新城的品牌打造以音乐为主题,以城市策展、大型品牌活动营造双路径的方式,形成城市创新实践与文化生产的模式,建立凯州新城文化活力生发的源点和共生场。

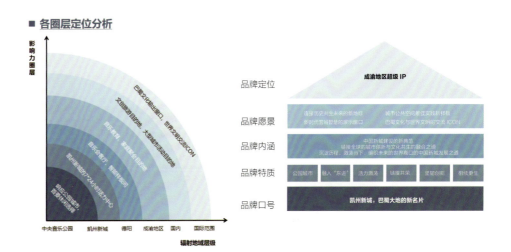

■ 各圈层定位分析

新城的活力营造首先通过场所设计和文化设计，避免凯州新城成为昙花一现的一次性庆典活动场所。实现持续性的文化再生，形成创意循环。通过不断的积累和生长，积累场地深厚的文化价值，使其成为让人记忆深刻的永久 IP。通过运营、营销和推广，形成对全市、全国、全世界的辐射影响。

新城品牌定位是以文化创意、城市生态、商业相结合的高品质公共空间，舒适宜人、创意创新的试验场，根植于本地历史与文化，挖掘与弘扬属于巴蜀大地的历史记忆，培养在地居民的自豪感和认同感，立足传统、面向未来。

品牌构建设立从"凯州新城"到中国再到世界的渐进目标，需要深入挖掘其历史与文化内涵，将以品牌输出为核心的营销策略通过主题传播强化品牌形象，包括品牌精神理念的规划、品牌视觉形象体系的规划、品牌空间形象体系的规划、品牌服务理念和行动纲领的规划、品牌传播策略与品牌通路策略的规划、公关及活动 / 事件营销策略的规划等，激活公众对于定位的认可与支持，从而打造从深度内容生产到全维度体验以及全新城市文化与生活方式模式。

通过讲好品牌故事，塑造一个有特色的品牌形象。以文字、视频、关注、话题、活动、事件等不同形式内容，实现品牌与公众间的互动，整合合作艺术家、设计师的资源，进行线上线下多元化传播。

未来，凯州新城将成为连接历史与未来的新地标、城市公共空间最佳实践新样板，以及展现新时代营城智慧与传统巴蜀文化魅力的新名片。

运营模式

前期对客群、产品进行分析，植入适合当地的文化、餐饮、音乐艺术、书店、户外亲子、婚礼休闲等各种文化商业业态，用运营前置的思维，指导业态落位。

关于运营模式：第一类是招募战略性合作伙伴，与契合的品牌机构绑定式合作，常

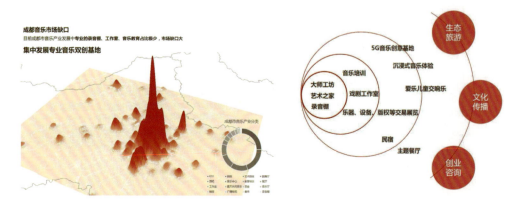

社群成长机制

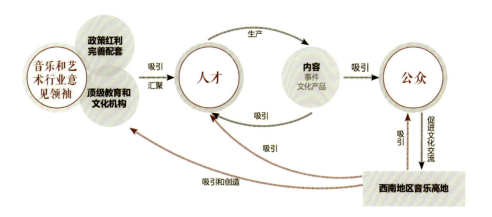

驻当地进行社群运营。第二类是开放性招商，根据所设计的空间选择商家和品牌，提供整体营造良好、设计和 IP 俱全的发展平台，以及独属特邀伙伴的优惠政策。第三类为自持业态，通过精准把控和经营实现收益。

通过空间价值创造来打造凯州新城自有的模式，全力打造出以人民渠为核心的中央音乐公园，以此为引擎带动周边的土地增值，树立新时代下凯州的模式。其最大的价值是打响品牌和带来人流，并不是短时间内的经济增长。

产业布局

凯州新城产业策略为：立足区域协同，确定产业方向；依托基础优势，聚焦高端制造；基于一个核心、两个周期，构建产业生态；以城促产，实现产城融合发展；高效协同，强化产城融合支撑。

产业布局将凯州新城核心区分成六大板块，分别为凯州新城启动区示范段、城市门户区、高品质慢调生活区、科研与人才培训综合服务区、总部基地园区、城产服务复合片区，其中布局 24 种业态产品，助力凯州新城升维。

启动区示范段是凯州新城一期重点开发片区，该区域由 6 位知名建筑师进行集群设计，包含艺术家山谷聚落、凯州婚礼堂、相遇茶社等具有多元复合业态的建筑群。

城市门户区的打造以展示城市的形象、城市对外交流、游客集散等功能为主，结合城市发展需求及片区的定位，在片区设置：旅游集散中心，承接游客集散功能；城市会客厅，承接城市展示与交流等功能；特色商业街区承接城市经济拉动及发展功能；交通集散中心承接城市交通接驳、换乘等功能；配套组团为居住、教育、医疗等配套功能聚集区。

高品质慢调生活区以康体养生和慢调生活为理念，通过设置康养社区、康养度假园、休闲养生园等康养、度假类项目将片区打造成高品质的慢调生活区，这里有高端的养生公寓和小区、完备的医疗配套设施、完善的生活服务体系，是喜欢健康慢调生活人士的不二之选。

科研与人才培训综合服务区是凯州新城的教育资源聚集地，融合德阳市的高校资源和中德产业园德国职教资源，引进高级人才培育和职业技能培训教育机构和智能制造等高科技研发机构，致力于将该片区打造成区域教育高地，积极引进和培养高端科研人员及专业职业人员，支撑城市未来发展，增加城市软实力。

总部基地园区布局支柱产业，实现智造升级，打造配套齐全的综合园区。该区域在智能制造、工业机器人、燃机与航空装备、轨道交通、节能环保与新能源汽车、新材料、生物医药等领域促进德阳制造业的转型升级，将产业园建设成集研发中心、企业创新联盟平台、产业孵化生产制造基地、综合服务平台、生活服务中心等配套设施齐全的综合园区。

城产服务复合片区是凯州新城的综合服务核心区域，是未来整个凯州新城的核心居住社区及城市公共服务聚集区。以宜居为主要功能，打造高品质生活社区，服务周边行政办公、文化教育、商业商务、产业服务等生活需求;配套建设不少于 12 班幼儿园、小学、中学、社区公共服务用房、社区养老服务设施、文化活动站、小型运动场地、公共厕所等设施，拥有休闲、体育、就业、养老、康养等服务保障。

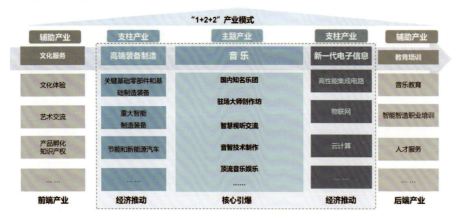

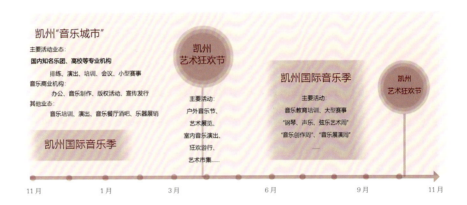

持续性的事件和宣传

通过大事件引爆，改变产业的发展方向，打响城市的知名度。项目前期策划的大事件有凯州新城中央公园及城市核心区大师工作营、凯州新城国际青年设计师竞赛、集群设计。以事件的形式，通过召集广泛的参与和组织持续性的赛事，吸纳高品质的设计作品，吸引国内外关注聚焦，为凯州新城带来丰厚的社会效益及经济价值。

城市形象的树立有赖于全渠道、长周期的广泛宣传，以丰富的事件为内容，用凯州的人、事、物、景来描绘新城，用凯州的故事打动人心，将凯州新城塑造成"文化体验目的地、时尚潮流风向标、音乐资源汇聚地、新时代新城建设的典范"。

以凯州新城中央公园为文化出发点，依托人民渠，保留其作为凯州新城的城市记忆的载体，打造凯州新城最具本土特色及价值的城市名片。面向成都乃至四川丰富的时尚人群及年轻消费者，培育凯州新城成为时尚潮流的新城。通过丰富的音乐资源汇聚，在专业领域形成影响力之外，通过大量不同层级的事件举办让音乐出圈，汇集更多的资源，助力凯州新城成为音乐高地。对城市发展进程形成持续的宣传公关，努力让更多的人看得见、记得住，让凯州新城成为公众眼中的正面热点城市，成为上下一致认可的新时代新城建设的典范。

以"凯州新城，一半山水一半城"和"打造慢生活典范和城市青年的心灵归属"为主题，打造IP故事线。抓住互联网时代的运营新形式，通过平台式运营和管理进行网络化推广。

对谈凯州新城总策划师彭礼孝

CBC 建筑中心：近些年来，全国各大城市规划建设了大批的新城新区，但是由于缺少相关的政策配套和人才政策，很多新城新区面临着空城、睡城、千城一面的现象，您认为凯州新城的特色在哪，它面临的挑战又在哪？

彭礼孝：当我们团队第一次来到凯州新城考察时，发现凯州新城和现在全国都在建设的新城面临的困境是一样的。相对过去 40 多年的快速城镇化，我们现在处在了一个新时代。在快速城镇化阶段，我们主要的工具是房地产开发和土地财政。进入新时代，不管是存量的更新还是新城的建设，都要用一些全新的思维方式、操盘模式以及新的理论系统来支撑新城未来的发展和建设。对于凯州，我们看见它虽然当下面临困境，但是它拥有非常出色的生态底色：川西林盘的生态格局，还有人民渠这样壮观的水利工程。从国家大的政策出发，有成渝城市群的国家战略的落地，以及它距离成都只有一个小时车程的区位优势。

但是，在众多的优势下，我们如何找到一条适合凯州新城的发展之路，用空间价值创造理论系统去支撑凯州新城未来建设，是大师工作营所需要研究的。不断地拓展我们的思路、资源，共同努力，把凯州新城打造成为中国新时代新城建设的标杆和榜样，这是我们对凯州的目标愿景。

CBC 建筑中心：您刚才提到了新时代需要新的理论基础和新的操盘模式，作为整个大师工作营最初的策划者，是什么让您想到了这种新型工作模式，它的优势在哪里？

彭礼孝：上次到了凯州之后，我们看到原有的规划还有一些建筑方案，还停留在土地经济时代的开发思维。通过组织大师工作营，我们希望联动策划、规划、产业、投资、未来的业态运营、事件打造等一系列要素，将它们同置在一个研究型的工作平台上。

空间价值创造这个理论系统给了我们一个很好的路径，在大师工作营的平台上，我们把设计、规划、建筑、景观，以及产业策划、空间策划、活动策划，包括未来进入凯州的创意社群、产业人口、产业的发展方向等资源集合了起来。这样的话，我想最后落地的空间蓝图以及产业和社群会变成非常有机的一套系统。

CBC 建筑中心：我可不可以理解成这相当于把从前单一的设计上升到了一个城市运营的角度。

彭礼孝：其实在策划和设计的时候，就已经把运营进行了前置。这个运营包含的不单是城市管理和产业，还包含里面的生活方式。通过对凯州生态本底以及未来的产业发展方向的挖掘，吸附特定的社群。这些社群产生新的经济关系，这种经济关系又促进整个凯州一二三产业的综合协调发展。

CBC 建筑中心：您刚才提到了整个凯州的发展，它是一个生态性和社会属性并重的发展模式。那么您是怎么想到以音乐破题凯州的发展定位？

彭礼孝：其实凯州现在最大的优势，就是它的生态本底很好。凯州新城未来要形成一个大的发展，除了依附成都、德阳、成渝城市群的这种产业的落地，它在起步之初需要一种新的创意人口。在新时代,可能很多的人都要回归到自己的内心,向往生态、生活、生产的三生结合的生活方式。

因为成都本身是要打造音乐之都，这是它的城市战略。凯州可以以音乐作为抓手，提供给成都的这些音乐人口不一样的环境品质，因为它的这种生态本底和成都城市的本底是完全不一样的。

音乐是一种全世界通行的语言和艺术方式，在起步区我们以人民渠为一条主线，打造凯州的中央音乐公园。中央音乐公园里面除了有跟音乐相关的一些时尚活动，还和艺术、设计结合起来。我们引入中国爱乐乐团的青少年交响乐团，除了在这里面做一些音乐事件以外，更多的是要把音乐的培训、考级、大师班引进来，从而形成一些音乐的产业。沿着人民渠有不同郊野的空间：滨水、山林、草坪。这些不同的承载空间，会让音乐产生不一样的表现形式。未来我们希望用音乐吸纳成都的这些时尚人群，让这里变成年轻人的一个时尚领地。对创意人口的吸引，必须得有抓手，所以我们提出了用设计、文化、艺术，主线是音乐艺术去引领凯州新城的发展。

这些创意人口来了之后，通过一些音乐事件的举办，让凯州的城市品牌以及知名度宣传出去，凯州的空间价值就体现出来了。我们通过这个起步区的建设，可以把周边的这些土地的价值带动起来，为未来凯州新城的支柱产业，比如智能制造，相关的第二产业的企业落地、产业生根，都提供了一个很好的生产生活的空间。

规划
PLANNING

黄晶涛

中国城市规划协会副会长，
天津大学建筑学院教授

"一半山水一半城" 凯州新城格局规划
——凯州新城核心区城市设计

"以山水为脉、大绿为基、地域文化为魂，构建宜居、宜业、
休闲、健康的慢调复合山水田园小镇集群。"

设计范围

凯州新城中央公园带两侧约 736hm² 建设用地，要求规划团队对其中 400hm² 进行控制性详细规划深度的城市设计，其范围在成巴高速以东，北至恒合大道东，南至兴盛路，向东延伸至 49km² 边界的区域，其余 336hm² 在现有城市设计成果的基础上进行提升优化。

项目根据时序及建设需求，设立了启动区示范段，范围为北至人民渡槽，南至高速路出口连接线，西起中金快速路，东至成巴高速，面积约 0.8km²（80hm²）。

设计目标

凯州新城位于成德东翼发展轴最北端，是成德同城化发展新节点，是顺应战略发展而成立的一座新城，凯州新城中央公园及城市核心区作为未来凯州的城市发展核心，城市设计应落实《凯州新城发展战略规划》的主要指导思想，围绕"建设全面体现新发展理念的国家中心城市"的总体目标，致力于挖掘区域内核、响应时代要求、树立城市精神，对外彰显形象、对内凝聚人心，竭力发挥新兴区域优势，通过打造高品质的城市生活圈，吸聚更多的城市发展资源。 设计亦应充分利用凯州新城的生态资源条件、地域文化特征、区位交通优势等，通过引进优质产业，使凯州成为成都，甚至四川的新型经济增长引擎，进而稳固其对接"东进"战略的重要地位，以推动成德同城化进程，达到宜居、宜业、宜产的发展目标。

凯州新城核心区设计范围

凯州新城核心区·西区提升范围

山水恋城·凯州新城核心区城市设计

成渝之间┃区域协同·共生发展

　　凯州新城地处四川省德阳市东部，西靠龙泉山，北有凯江，南临沱江，基地多为丘陵地貌，为区域高点。范围涵盖了辑庆、兴隆、清河、太平等多个乡镇。近期（2025年）规划面积为 33km²，中期（2035年）为 49km²，最终（2070年）达到 86km²，85 万人规模。核心区城市设计总面积约为 7.36km²，其中对现有城市设计提升设计范围为成巴高速以西，包括启动区示范段 0.8km²，高速以东为本次重点城市设计片区。

　　在"成渝相向发展"的新格局中，凯州新城通过中遂高速连通大英、遂宁，接入

51

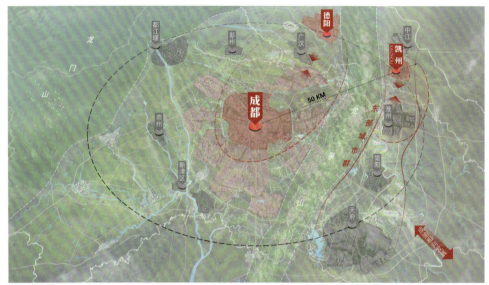

区域分析

经济增速最高、发展潜力最大的成渝北线，将以提升自身人口经济凝聚力为抓手，成为成渝相向发展的重要节点。

　　凯州新城与成都东部城市新区、中江等地共同构成龙泉山东侧城市组群，成为成渝联动发展的门户区域；凯州新城与遂宁、潼南、铜梁共筑成渝北线，是推动成渝相向发展的重要支撑："三铁、两轨"推动凯州新城与成都同城化，"三高、三快"快速与主城区及东进区域衔接，其中多条交通干线与凯州新城核心区有关联。

　　在"凯州新城战略定位《凯州新城发展战略规划》"中，结合区域条件、交通条件、生态条件，对凯州新城的发展定位有四条比较明确的建议：德阳融入成渝城市群发展的桥头堡；国家智能装备的战略新极核；成德同城的先行示范区；宜业宜居的公园新城。

古今之间丨乡土智慧·文脉传承

　　基地内有川西林盘以及人民渠两处具有地域特色的人文景观。

　　川西林盘是世界上唯一的由人工技术调节的具有千年历史至今还发挥作用的农耕文明区域，是天府文化、成都平原农耕文明和川西民居建筑风格的鲜活载体代表，具有丰富的美学价值、文化价值和生态价值。

　　人民渠是都江堰向北延伸的新灌区扩灌工程，原名官渠堰，是都江堰扩灌工程之一，中华人民共和国成立后四川省建成的第一座大型水利工程，故有"巴蜀新春第一渠"之称。早在两千多年前，李冰父子即在此疏导洛水（今石亭江），注堰灌田。迄至民国

模型照片

启动区效果图

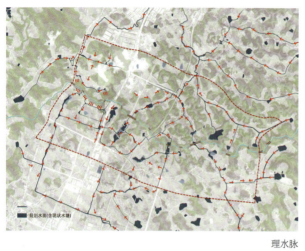

理水脉

置节点

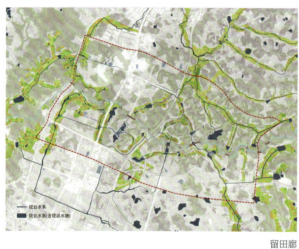

留田廊

通路网

塑山体

划功能

时期，历代兴建小型河堰、泉堰、泉塘、水井数以千计，仅水田面积即达 100 多万亩。人民渠在规划范围内有多个渡槽，为南北连通保留了可能性外，渡槽也是宝贵的人文景观，承载着历史与文化的内涵，传承人民吃苦耐劳的精神，应充分尊重渡槽的原始状态。

规划设计结合上位规划，充分尊重原有城市风貌，并通过空间和景观的衬托，使其更富魅力。团队提出规划主题思路——注重维系城市结构：注重山水脉络与城市结构的有机融合，注重有机生长的结构提供弹性的发展空间；注重方案的生态协同与示范：构建山水田园式公园城市，布置灰绿结合的绿色生态基础设施，努力做到城市在自然中、自然在城市里；注重地域文化：构建山水文化，构建林盘景观系统，构建人民渠文化 IP 与城景的交融。

山水栖居┃生态营城·有机生长

规划力图依托人民渠景观廊道，构建空间关系，圈层发展，南北拓展，有机生长，功能复合。设计定位于以山水为脉、大绿为基、地域文化为魂，构建宜居、宜业、休闲、健康的慢调复合山水田园小镇集群。

方案将具有"川西林盘"特色的基地进行梳理，以人与自然和谐共生的经验为示范，以现状山水格局为框架，把城市和生态环境作为一个"生命有机体"整体设计，秉持着山水共生、诗意栖居的理念，构建生态文明时代的营城典范。

城市设计团队以"理水脉、留田廊、塑山体、置节点、通路网、划功能"六个步骤，通过"一廊·两轴·四带·六区·多链"的功能结构，以人民渠景观廊道为核心与区域制高点，向南北拓展圈层发展，从而构建空间关系，形成功能复合，以之打造宜居、宜业、休闲、健康的慢调复合山水田园小镇集群。

"理水脉"即根据地形地貌梳理汇水通道；"留田廊"即根据地貌梳理田廊、滨水廊道；"塑山体"即梳理山体资源，重塑山景；"置节点"即结合人民渠景观轴，布置节点；"通路网"即结合地形地貌规划道路系统；"划功能"即在开放空间和交通系统下确定开发地块，结合区位、交通、景观特征，布局功能。

规划结构

一廊·绘山水，即人民渠景观廊道，凯州之心的景观主脉，凯州山水画卷的核心；两轴·织城景，即产学研发展轴（渠北）与门户综合服务发展轴（渠南）。以景观廊道资源为核心，结合各自优势，南北圈层拓展；四带·通南北，即纵向四条干道——山前 101 国道、中金快速路、成巴高速、金简仁快速路，为贯穿南北区域的大动脉；六区·塑特色，即依托区位优势、交通优势、景观优势，合理布局功能，塑造城市愿景；多链·接城野，即开放空间，连接生态景观体系与城市建设地块，形成城市景观网络。

方案整体规划策略为"大分工、高复合多极成长、核心引领"，即在整体功能分区的指导下，以启动区示范段为核心引擎，各分区多点带动，提升凯州吸引力，推动城市发展。

景观结构

方案依托人民渠为景观主轴线，打造总面积约为 3200 亩的核心区中央公园。尊

规划结构

方案总平面图

东片区效果图

重原始地形地貌，结合人民渠渡槽、水库、陂塘、梯田、洼地等景观要求，塑造核心区景观主脉络。生态景观链为人民渠景观主轴线延伸出的次级景观走廊，保留重要山体与洼地田廊，与景观主轴线紧密衔接，并将景观系统串联到核心区每个独立地块内，形成网络式的、均好性强的景观系统框架。

街区级开放空间充分建立起与景观主轴线、生态景观链的衔接关系，完善、丰富第三层级的景观系统，保证每栋建筑与各个层级开发空间的串联。结合地形地势与原始村庄路径，梳理景观路系统，作为串联中央公园、开发空间的主要通道，设计成为尺度宜人、适宜步行骑行的游憩道路，增强游人的游览体验，并与景观设计充分结合。结合景观视觉轴线与景观路系统，在关键节点设置景观公园，丰富景观系统，打造景观重要节点。配套服务节点充分结合景观轴线与廊道进行布局，功能上完善补充公园配套要求，设计上可充分利用环境景观优势打造精品建筑。

由于自然地形及空间布局关系的影响，传统做法的低洼地区雨洪问题压力较大。同时山坡上农田的化学肥料以及居民点的生活污水随地表雨水径流汇入了水体，对水体造成了污染。

因此，结合现状自然高差关系，吸取农业文明的山地造田保水技术，于现状溪流、坑塘、低洼处，形成一系列不同承载力的湿地净化梯田，构建一个完整的雨水管理和生态净化系统。高效垂直流人工湿地净水系统的构建，能够加强雨洪的管理与再利用，同时就近处理了上游村落的生活污水，为下游农田景观绿化用水增补了水源。

西片区效果图

景观结构——街区级开放空间

道路体系

在满足城市交通功能的同时，充分结合地形地貌、人民渠工程现状，集合渡槽、高速公路等现状条件，组织交通性道路网络。

南北向结合现状路网框架与山形山势，南北向形成"九纵"通道。结合高程，东西向跨成巴高速通道为健康街、恒合大道、快速路连接线、兴清路、一环路。合理布局支路系统，实践窄路密网规划理念，打造尺度亲切的街区空间。道路断面采取红绿线结合的设计手法，化解街道尺度。

利用公交线路高效串联轨道交通站、中央公园以及各个功能组团，并以300m为半径沿途布设公交站点，实现全区域公交覆盖，打造便捷的公交出行体验。轨道交通及未来的城际铁路作为区域快速通道，与区域进行快速便捷地连接，轨道站点枢纽作为核心区重要门户。公交系统是连接组团的公共交通系统。慢行系统由组团内、社区内的步行与自行车交通系统组成。道路设计与景观结合，尺度宜人。景观路贯穿中央公园、生态廊道，串联景观节点，配套节点，形成舒适宜人的慢行游憩空间。

以中央公园为核心向南北开发强度逐步递增，实现从"山水林田湖"到"村镇城"的过渡。以中央公园为核心向南北建筑高度逐步递增，保证临近中央公园的建筑高度较低，保证视觉畅通，沿高等级道路建筑高度提升，保证街道与建筑界面尺度匹配，努力打造符合山水融城、窄路密网、公园城市、功能复合理念的社区单元。

道路设计效果图

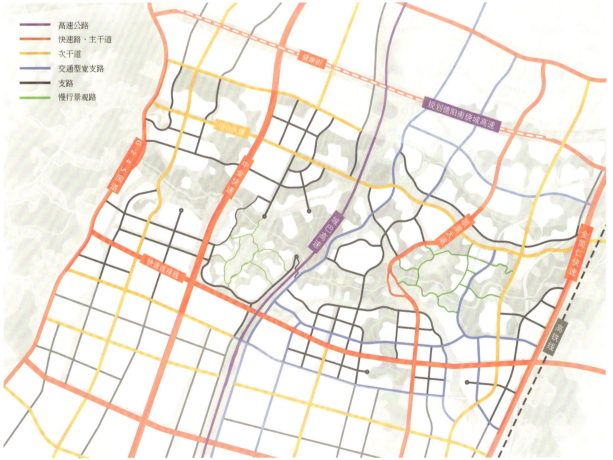

道路体系

对谈凯州新城总规划师黄晶涛

CBC 建筑中心：近些年来，全国各大城市规划建设了大批的新城新区，但是由于缺少相关的政策配套和人才政策，很多新城新区面临着空城、睡城、千城一面的现象，您认为凯州新城的特色在哪，它面临的挑战又在哪？

黄晶涛：逢山开山、遇水架桥、千城一面，已然成为当前新城快速建设的刻板印象，凯州早期的城市建设也陷入了同样的问题。凯州的基地特质是典型的"川西林盘"丘陵地貌，基地内的"人民渠"更有"巴蜀新春第一渠"之称，自然之美与人文智慧完美交汇。上一版凯州新城的设计与规划依然在走传统新城建设的路径，城市结构对自然矮丘有明显破坏，景观系统也并未与区域真正的核心"人民渠"建立联系，城市与基地本底产生了明显的割裂。

将城市结构有机、自然、和谐地融入凯州基地的山水环境格局，是凯州规划的最大课题。这不仅仅是简单粗暴的逢山开路和功能堆砌，而是需要对凯州的地貌与人文有更深层次的理解，优化凯州新城的主题立意，采用"由景观系统到规划结构、再到建筑设计"全流程统筹融合的设计思路，才能塑造出一个特色鲜明的凯州。

CBC 建筑中心：针对凯州新城您的核心设计理念是什么？规划是一种强有力的工具，与城市的未来紧密关联。您如何在城市设计方面，尤其是在之后对具体行动过程的指导意义上进行一些创新？利用规划，为凯州谋求更好的发展？

黄晶涛：山水共生，生态营城，构建"山、水、林、田、湖、城"生命有机体，是本规划的核心理念和主题。以现状山水格局为框架，以"人"与"自然"和谐共生为主线，进行城市空间和生态环境的一体化设计，规划通过"理水脉、留田廊、塑山体、置节点、通路网、划功能"的六个层次，充分融合地形地貌与人文特色，将人民渠看作城市景观主脉络，将矮丘水网融入城市的开放空间体系，山水定城，形成低影响、低冲击的韧性城市景观空间系统，构建了"以山水为脉、大绿为基、地域文化为魂"的山水田园式公园城市骨架。

CBC 建筑中心：在实行新型城镇化战略的大背景下，面对凯州这样的一座新城，您如何以设计改变以往千城一面的新城建设方式以推动凯州城市高质量发展、产业转型升级、吸引人才，以人才兴城？

黄晶涛：依托城市山水格局，凯州新城的山水画卷以人民渠中央公园为核心主线徐徐展开，并以"组团式、圈层式"模式向南北拓展。

临近中央公园的核心圈层，沿东西向交通干线轴线发展，形成以文化展示、总部基地、科研教育、生活配套、生产服务、轨道枢纽等为主导功能的六大组团，成为享受最优质景观资源、提供最优秀服务业态、展示最美丽城市形象的城市空间。

区域视角下的外围圈层，遵循"留朴、留绿、留白、韧性、弹性"的发展策略，为城市发展留足拓展空间，结合未来城市发展趋势、组团式圈层延展，主要布局大中型研发基地、企业生产基地及配套生活组团等职能属性。

区域内功能组团体现"大分工、高复合"，打造符合"山水融城、窄路密网、公园城市、功能复合"理念的超级街区细胞单元，既满足主体功能区块划分的要求，同时又注重单元内的功能复合与单元间的无界融合，共创宜居、宜业、休闲、健康、多元、共享的慢调复合山水田园小镇集群。

CBC 建筑中心：大师工作营模式区别于传统项目模式，将策划、规划、景观、建筑、运营等置于同一工作平台，您如何看待这种方式？在凯州新城项目中，您觉得联合其他团队工作中对您方案设计以及理念触动和影响最大的是什么？

黄晶涛：大师工作营，集合策划、规划、景观、建筑、工程等多专业团队，同步推进，相互协调，共同深化，形成了"统一规划理念、规划设计引领、多项专业协同"的工作框架。总体而言，大师工作营模式展现出了它的极大优势，主要体现在"高品质、高效率、塑特色、重创新"这四大方面。经过不到一年时间的通力合作，各个环节紧密沟通协调，总体城市设计、区域景观规划、重要节点景观设计与建筑设计等所有专业均围绕"山水共生，生态营城"的规划理念，多专业方案成果展现出了很好的一体性，这是对综合性城市规划设计工作模式的重要探索与实践。

景观 **LANDSCAPE**

谢晓英

中国建设科技集团中央研究院城乡风景园林研究中心副总工，中国城市建设研究院风景园林规划设计研究院副总工，无界景观工作室主任、主持设计师

以人民渠为背景的音乐公园设计
——凯州新城中央公园景观设计

"承载人文历史，重塑家乡归属感，打造凯州新城的'活力引擎绿色家园'，营造休闲、教育、互动相结合的音乐主题公园，引领幸福健康生活方式。"

项目范围

　　凯州新城中央公园设计面积约 2.13km² （约 213hm²/3200 亩，含水域范围），项目用地西起 101 省道，与中金快速路、成巴高速路两条现状路相交。

　　项目根据时序及建设需求，设立了启动区示范段，其北至人民渡槽，南至高速路出口连接线，西起中金快速路，东至成巴高速，面积约 0.8km²（80hm²）。

设计目标

　　落实中央城市工作会议精神，以经营城市的理念为指导，明确凯州新城未来发展定位，同时与策划相结合，明晰未来新城的价值导向，力图实现新城建设投入和产出的良性循环、区域功能的提升以及促进新城社会、经济、环境的和谐可持续发展；聚集城市活力和人气，充分挖掘新城的文化潜力和艺术潜力，通过延展艺术外延、提升民众文化素养、引领以文化为驱动的生活方式，打造新时代的城市公共空间样板；与基地周边用地相适应，通过策划、设计、建设、管理等方面的全方位创新，将凯州打造成为低碳、生态、智慧的新城，以及多元化、国际化、开放性的城市公共空间。

风景融入日常生活的凯州新城山水之心

周欣萌 谢晓英

金色大厅核心区鸟瞰

　　目前，我国已步入城市提质发展阶段，城市发展与管理的逻辑也在发生转变。面对全球性的城市发展问题：人口膨胀、资源短缺、环境污染、生态破坏……高质量的新城建设成为拓展城市空间、缓解城市问题、创新城市管理的有效途径。如何在千城一面的新城发展中凸显地域特色，避免景观同质化？如何建立新城与老城的有机链接与情感联系？如何在粗放式发展的浪潮中实现精细化、协同化、智慧化治理？这些都是新时期城市发展的核心议题。

中央公园景观方案平面图

　　凯州新城地处四川省德阳市东部，环境优渥、交通便利，是落实成渝地区双城经济圈建设战略、推动成德同城化发展的新节点。其中，新城中央公园及城市核心区占地约 8.3km²，是现阶段凯州新城建设的起点和核心所在。2020 年初，德阳凯州新城管委会联合 CBC 建筑中心（都市更新（北京）控股集团）发起"凯州新城中央公园及城市核心区大师工作营"，邀请"策划 + 规划 + 景观 + 建筑"等跨领域专家，搭建开放性研究平台，基于空间价值理论，将未来发展要素前置，通过整体性策略，进行资源整合、全域规划，以同一平台系统性解决凯州新城面临的核心问题。笔者有幸为凯州中央公园景观设计部分建言，遂提出以中央公园为新城山水之心，助力凯州打造成渝走廊上的新时代公园城市。

　　中央公园的景观设计凸显了笔者所在无界景观工作室多年以来始终坚持的设计理念。在原场地中提炼自然地貌、文化符号，整合相关领域专家跨界合作，促成多专业形成合力，统筹构建节地节材节能的一体化绿色基础设施和文化基础设施，保留场所记忆，赋予新的生活内容，实现综合效益的最大化。设计的根本目的在于运用专业手段协调新城人与环境的关系，经由改善城市生态改善人的生存状态，引导建立可持续的健康生活方式，将风景融入日常生活，激发人的活力和场地生产力，提升新城"安住"者的幸福感和归属感。

以人民渠为背景的音乐公园设计

流经中江县境内的人民渠为人民渠第七期工程，属于都江堰灌区，位于灌区的东南侧。人民渠第七期工程始建于 1970 年。人民渠第七期全长 684km，凯州新城城域范围内人民渠长约 25km，中央公园地块范围内人民渠长约 6km。人民渠的修建是对都江堰灌区改造最大的一次，也是使灌区扩张最大的一次，解决了当地农田十年九旱的问题，极大地改善了四川平原东北部的农业用水问题，提高了粮食产量，使成都平原国家战略储备粮基地面积扩大一倍。凯州城域内的人民渠至今还在承担灌溉农田的工作。

人民渠承载千年历史，由古流淌至今，从单纯的满足农业生产的灌溉引水延续今日，成为场地中最为关键的"线性"元素。以人民渠这一线性绿色长廊串联独具特色的渡槽空间，以线串联整体景观，汲取人民渠的建设历史为灵感，注入场景塑造，成就新时代的凯州公园城市典范，致敬人文与历史。

凯州新城中央公园依托当地优质的山水林盘体系，以人民渠为主脉，最大化尊重原场地山水肌理。当年参建的居民与知青，如今已到垂暮之年，凯州新城中央公园希望邀请当年的青年回到人民渠旁相聚欢歌，重温青春，致敬这段历史，并镌刻进这片土地。

成渝走廊上全域生境体系的绿色空间

凯州新城属于成德东翼发展轴场地最北端，位于成都 1 小时经济圈内。新城延展成都都市圈产业，定位为成德同城化发展新节点。

新城有着山环水抱的山水格局，处于龙泉山与盆地的交界处。未来，中央公园将

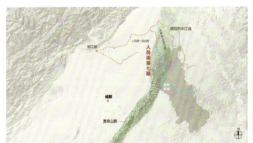

人民渠区位图

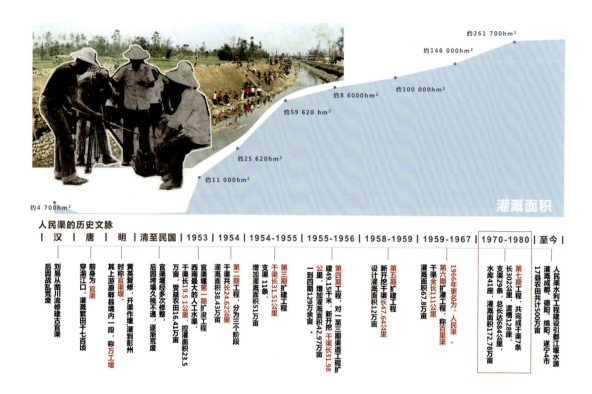

约261 700hm²

约146 000hm²

约100 000hm²

约8 6000hm²

约59 620 hm²

约25 620hm²

约11 000hm²

约4 700hm²

灌溉面积

人民渠的历史文脉

| 汉 | 唐 | 明 | 清至民国 | 1953 | 1954 | 1954-1955 | 1955-1956 | 1958-1959 | 1959-1967 | 1970-1980 | 至今 |

刘易从崀川流修建古官渠

后因战乱荒废

前身为 官渠

穿涌江口，灌溉繁田十七百顷

其上游原郫县境内一段，称万工堰

黄莱复修，开渠作堰，灌到彭州

时称官渠堰

后因垮塌经多次修整，官渠堰经久梳不通，逐渐荒废

宜渠堰第一期扩浚工程

西南最大的人工水渠

干渠长119.5.1公里，控灌面积23.5万亩，受益农田16.41万亩

第二期工程

干渠共长24.62公里

灌溉面积38.433万亩

第三期扩建工程

干渠长31.51公里

支渠11条

增加灌溉面积51万亩

第四期工程，分为三个阶段

建49.15千米，新开挖 干渠长31.98公里，增加灌溉面积42.97万亩

一到四期128.6万亩

1966年更名为"人民渠"

第五期扩建工程

新开挖干渠长47.64公里

设计灌溉面积12万亩

第六期扩灌工程，称百里渠

干渠全长111公里

灌溉面积67.8万亩

第七期工程，共完成干渠7条

长302公里，渡槽128座

支渠29条，总长达684公里，水库41座，灌溉面积172.78万亩

人民渠水利工程建设引都江堰水源

灌溉成都、德阳、绵阳、遂宁4市

17县农田共计500万亩

人民渠解读

有机连接龙泉山森林公园，增加区域山水景观的连续性，承接并进一步激活龙泉山外溢的生态价值。

新城区域内水系发达，有水库、水塘、溪流与人民渠等多种水环境。流经新城的人民渠属于都江堰人民渠第七期工程，始建于1970年，是一项具有时代特征与记忆的蓄、引、提水利大型工程，至今仍承担着灌溉农田的任务。以人民渠为中心的绿廊由西向东穿城而过，丰富的水环境能够助力中央公园打造多样滨水空间，也为生态海绵城市的塑造奠定基础。

1. 成渝走廊上的山水公园新城

凯州新城中央公园景观设计依据《凯州新城发展战略规划》，以标志性水利设施人民渠为主脉，依托新城优质的山水林盘体系，最大化尊重场地自然肌理，保留场地记忆，构建成渝走廊上全域生境体系的绿色空间，建设蓝绿交织、宜居宜游的山水公园城市典范。

·生态塑业：公园与区域产业协同布局，建立生态社区化的办公环境与产业园区。

·公园立城：塑造丰富的公共空间，激活多元的公园城市，助力先绿后城、以城促产、产城融合。

·山水育境：融丘成园、临水赋能，将山环水抱的本体格局与城市空间有机融合，塑造无明显边界的城市中央公园，将公园的自然环境自然融入城市中。

金色大厅核心区建设局实拍图

金色大厅核心区鸟瞰效果图

金色大厅核心区建设实拍图

金色大厅核心区改造前实拍图

（无界景观周欣萌拍摄）

金色大厅草坪音乐会效果图

·宜居育人：活力新城满足人本需求，蓝绿融合加速人才驱动，通过中央公园的建设打造环境友好型家园，提升居民幸福感与归属感。

2. 沿人民渠打造绿色通廊

结合凯州新城的整体规划和城市设计，以人民渠这一标志性水利设施为背景，将现状农田绿地、树木、水塘、水渠、荷塘等元素保留在公园之中，结合地势现状、人民渠各段落特点与规划路网，将中央公园分为六个景观片区，分别为金色大厅、翠林绿谷、长虹秋水、宏伟花海、山中碧湖、无限悦径，由人民渠步道系统自西向东整体串联。

人民渠从单纯地满足农业生产的灌溉引水延续今日，已经成为场地中最为关键的"线性"元素。伴随人民渠贯穿公园东西的这条绿径，创造了丰富的景观体验，并讲述着人民渠的历史，其西侧衔接龙泉山森林公园，向东不断渗透融入凯州新城中，稳固了新城整体的山水格局。

从城市角度来看，中央公园作为凯州新城的绿色通廊，加强了与周边城市、山水地貌的联系，形成多维立体网络，助力打造成渝走廊上的新时代山水公园城市。

季节性湿地效果图

荷塘月色效果图

宏伟花海效果图

休闲、艺术相结合的音乐主题公园

　　凯州新城中央公园链接多元的城市生活，以音乐为主的活动策划与特色场景有机融合，丰富的空间与活动激活城市景观带，承载人文历史，重塑家乡归属感。山林间、水畔边、渡槽旁，市民与游人在此体验川西林盘的山水之景、感知凯州独特的地域文化。引入科技手段的公园引领幸福健康生活方式，成为成渝地区的艺术科技高地，成为凯州新城的"活力引擎"。

1. 金色大厅片区

　　金色大厅启动区示范段总面积约93hm²（0.93km²）。现状地貌基本为浅丘地貌，内有山林、梯田、水塘与自然聚落的民房。整体地势为两丘夹一谷，谷地开阔疏朗，农田水塘坐落排开，浅丘绿树掩映着农家，其空间现状与场景特色是景观设计着重强化与提升的重点。建成于 20 世纪 70 年代的劲松渡槽，是示范段内跨度最大的渡槽。这座由当地村民与知青共同建造的水利灌溉设施，承载了独特的场所记忆。金色大厅将劲松渡槽作为公园的核心，未来将承载核心区更多新功能，为公园注入更多活力。

在遵循场地条件的前提下，将规划路网与建设地块导入，方案强调顺应地势、景观优先、充分利用现状建筑基地与路径三个原则。核心区沿着村道、田间路、山野小径连接外部规划环路，形成公园化的内部环状交通体系。基于场地竖向条件和当地降水数据，模拟生成雨水径流，指导设计以"低介入"手段尊重原有汇水逻辑，仅根据使用需求和景观效果对水景进行微调。最后结合现状植被以及坡度坡向的分析，在水畔、林间、湿地、渡槽前、花田中设置 26 处不同尺度的多功能场地，以满足不同时间段和不同人群的多种使用需求。同时场地也能承载不同商业或公益活动的需求，让公园产生持续收益。

金色大厅片区由公园彩林大道串联起四大场景，分别为草坪音乐会、莲池镜湖、季节性湿地与荷塘月色。四种场景能够满足不同规模的音乐活动和日常活动需求。场地内的公园环路与周边绿化组成山林绿廊外环带，沿路两侧补植乡野花田景观带，共同构成了视野开阔的景观空间。

2. 翠林绿谷片区

翠林绿谷片区参照现状路网布置园路系统，形成主要游览路线，并依托现状竹林、农田，改造升级为竹林和花园运动场。

保留人民渠两侧的芒草，设置平台桌椅，塑造夕阳西下、阳光映衬金灿灿芒草的暖人场景。林中、水边、花园运动场等舒适宜人的场地空间，引导居民走出家门，倡导可持续的健康生活方式。

3. 长虹秋水片区

长虹秋水片区内有大面积现状山丘与农田，翻山和渡槽由西向东穿地块而过。渡槽跨度约 140m，下方有约 1.4hm² 的湖泊，整体场景宏伟且独特，湖边植被现况良好，能够成为片区的核心景观区域。

沿湖设置栈道与观演平台，着力打造滨水杉林悠远静谧的场景。夜晚，利用声光技术，在渡槽下为市民游客营造依水而歌、依水而舞的情景化体验，以新颖、独特的

中央公园景观方案鸟瞰图

长虹秋水效果图

山中碧湖效果图

表演方式展现长虹秋水节点的魅力。

4. 宏伟花海片区

依托现状农田形成视野开阔的新城都市农业景观，通过对渡槽的借景，打造凯州新城的特色都市农业景观名片。结合策划灵活置入不同主题的公共艺术活动，形成以宏伟渡槽为主题的大型公共艺术作品。同时，可与当地的农、林、渔产业进行联动，推广凯州本地林农产品，创建凯州特色的产品品牌。

5. 山中碧湖片区

此片区的景观核心是红光水库，依托水库消落带缓坡设置供人休憩游玩的沙滩，亲水平台则根据水位线变化进行布置。红光水库可结合公园未来运营策划，提供游船、划艇等观光活动的场所。树林中设置有休息小平台，通过绿化种植营造林荫环境，使市民和游客尽享山水美景。

6. 无限悦径片区

无限悦径片区利用场地丰富的竖向关系，打破时间、空间的局限，构建多维度、多重的游径网络。借助连绵起伏的山林田景观，形成独特的慢行游览体验；并在沿路径设定了多种休憩空间，提供餐饮等相关配套服务，同时兼具举办各类活动的可能性。

节地节材节能的景观专项设计

1. 竖向设计

尊重场地现状竖向关系，保留原有浅丘地形，依据汇水路径、场地、道路、池塘与湿地标高，确定景观设计高低关系。

利用现状路径、山路和现状桥，布置主要园路与绿径；力求减少填挖土方量，基本做到土方平衡。现状场地中的洼地基本得到保留，用于形成季节性汇水景观。

2. 交通组织

在村路、田间小径的基础上，随山就势，连接外部规划路网，强化公园与新城的联系。东西向绿径串联起公园六大主题区域，同时在分区内部形成各自完善的交通系统。

分级打造公园化的慢行、车行路网，部分道路结合场地树木、人民渠水利设施进行分幅设计，满足日常通行需求的同时，保留场地原汁原味的景观特色。

3. 景观水系统

场地内水景营造设计利用现状水塘、水渠、湖泊等农业水系统，保证水网通畅，为游客提供良好的游赏体验。

以金色大厅片区为例，设置小型调节闸，对进入景观的水体进行分时段分情况控制，同时在局部设置暗涵，在水质不佳的情况下与景观水分流。

加强人工湿地的调节作用，采用潜流和表流相结合的方式布置湿地，发挥其净化能力，提升下游水质。

4. 种植设计

对场地内大量的农田、山林进行保留利用，形成公园的绿色基底。在此基础上增加彩色叶植物，丰富季相变化，打造适合六大主题片区的绿植景观，并结合市政道路

无限悦径效果图

绿化形成六条主题观花大道。种植设计遵循地域生态性、多维观赏性、可持续性三大原则：坚持适地适树原则，根据场地内土壤、水文条件，选择合理的树种搭配，在提高生态稳定性的同时，突出地域性特色；适当引入开花、香化、彩化、蜜源果源植物，利用其季节变化，营造动态的植物景观；注重发挥植物的多重功能，利用植物的观赏与经济价值，苗景兼用，创造可持续的绿色经济效益。

5. 室外铺装、小品、家具设施设计

公园内铺装就地取材，多使用红砂岩等本土材料，着重使用透水铺装材料，与自然环境协调统一。景观小品运用新老红砂岩、建筑废料或金属等材料，通过组合搭接形成地面铺装或矮墙坐凳，并用镌刻的方式记录场地的历史信息。应用场地旧房拆除的旧砖块，混合新砖一起使用，既响应了节能减排的需求，又保留下场地独特的记忆。

结语

　　凯州新城中央公园承载人文历史，重塑家乡归属感，将成为凯州新城的"活力引擎与绿色家园"。融合生态、休闲、教育的新城绿心将山水格局与山水城市交融，将本土记忆与凯州文化交汇，将宜居宜业与城市发展交织，助力凯州新城营建整体的、连续的美丽，为绿色可持续发展提供从实践出发的有效助力。风景融入日常生活的蓝图已绘就，未来大可为。

　　在大师工作营的陪伴式服务、凯州新城管委会的共同推进下，凯州新城中央公园已经在紧锣密鼓的建设之中。

对谈凯州新城总景观师谢晓英

CBC建筑中心：近些年来，全国各大城市规划建设了大批的新城新区，但是由于缺少相关的政策配套和人才政策，很多新城新区面临着空城、睡城、千城一面的现象，您认为凯州新城的特色在哪？它面临的挑战又在哪？

谢晓英：目前，我国已步入城市提质发展阶段，城市发展与管理的逻辑也在发生转变。面对全球性的城市发展问题：人口膨胀、资源短缺、环境污染、生态破坏……高质量的新城建设成为拓展城市空间、缓解城市问题、创新城市管理的有效途径。

凯州新城位于成都1小时经济圈内、成渝经济走廊带上，环境优渥、交通便利，是落实成渝地区双城建设战略、推动成德同城化发展的新节点。新城有着山环水抱的山水格局，龙泉山构筑生态屏障，丰富的水环境增加区域山水景观的连续性，大型水利工程人民渠传承时代特征与记忆。

如何在千城一面的新城发展中凸显凯州的地域特色、避免景观同质化，如何建立新城与老城的有机链接与情感联系、激发新城活力，如何在城市粗放式发展的浪潮中实现精细化、协同化、智慧化治理，这些都将成为凯州新城发展的重要挑战。

CBC建筑中心：针对凯州新城您的核心设计理念是什么？凯州新城有着山环水抱的山水格局，人民渠链接内外，融汇古今。基于新城优质的山水林盘体系，您将通过怎样的设计方式打造出风景融入日常生活的凯州山水？

谢晓英：无界景观工作室习惯于关注日常生活与公共空间的联系，关注景观设计对社会关系的良性引导。多年以来，我们始终坚持一种设计理念——探寻因地、因时、因人而异的、与同质化相悖的解决方案，守护"活力基因"，融合跨界智慧，兼顾多元价值，以隐形协调者的角色，通过"似无为而有为"的专业手段，协调人与环境的关系，缓解人的生存压力，引导建立可持续的健康生活方式，激发民众活力与场地生产力，提升"安住"者的幸福感与归属感。

此次在凯州新城，我们非常荣幸能为新城中央公园的景观设计建言献策。在依托新城优质的山水林盘体系，最大化尊重场地自然肌理，保留场地记忆的基础上，结合凯州新城的整体规划和城市设计，新城中央公园以标志性水利设施人民渠为主脉，将现状农田绿地、树木、水塘、水渠、荷塘等元素保留在公园之中，结合地势现状、人民渠各段落特点与规划路网，由人民渠步道系统由西向东整体串联打造绿色通廊，成为凯州新城的山水之心。以"生态塑业、公园立城、山水育境、宜居育人"为总体策略，助力构建成渝走廊全域生境体系的绿色空间，助力凯州建设蓝绿交织、宜居宜游的新时代公园城市、山水城市典范。

人民渠从单纯的满足农业生产的灌溉引水延续今日，已经成为场地中最为关键的"线性"元素。伴随人民渠贯穿公园东西的这条绿径，将一个个美好的景观片段连缀起来，强调丰富的、戏剧化的步行体验——历史的演变、视角的高低变化、四季的更替、天气的阴晴、植物的姿态。其西侧衔接龙泉山森林公园，向东不断渗透融入凯州新城中，融丘成园、临水赋能，将山环水抱的本体格局与城市空间有机融合，稳固了新城整体的山水格局，营建整体的、连续的美丽。

以小尺度、高密度、亲近人的"邻里"环境，承载人们的交往、休闲、娱乐等活动，成为城市中最具特色和最具感染力的公共活动空间，为多彩的城市生活提供展示的舞台，并以此提升居住者的归属感与认同感，从而使风景融入日常生活，激活多元的公园城市。

CBC 建筑中心：在实行新型城镇化战略的大背景下，面对凯州这样的一座新城，您怎么看待以设计改变以往千城一面的新城建设方式，以推动凯州城市高质量发展、产业转型升级、吸引人才，以人兴城？

谢晓英：新型城镇化的核心是人的城镇化，以人的需要和人的全面发展为核心意涵，强调"人产城"融合，聚焦生活品质提升。新城的绿色公共空间是人们交流交往的平台，能够实现人与人、人与城市、人与环境之间的连接。同时，作为城市中以自然生态为主体的物质空间，城市户外空间也是存蓄、输送城市能量的"绿色动脉"，是决定城市品质的重要因素。在物联网、大数据、人工智能等前沿技术的支持下，将智慧城市、低碳城市、海绵城市建设与互联网大脑架构相结合，打造服务于城市公共生活的多元网络，提高对城市资源与环境的智慧管理，推进品牌化经济的差异与传播，提升产业精细化、专业化水平和韧性，解决新城发展中面临的复杂问题。

我们以中央公园链接多元的城市生活，策划以音乐为主的活动与特色场景有机融合，将以人民渠为背景的重要历史片段与新场景叠加，引发丰富的文化、艺术活动，激活城市景观带，重塑家乡归属感。山林间、水畔边、渡槽旁，市民与游人在此体验川西林盘的山水之景、感知凯州独特的地域文化，同时享受着不同思维碰撞带来的智慧和乐趣，汲取自然赋予人们的能量。引入科技手段的公园引领幸福健康的生活方式，成为成渝地区的艺术科技高地，成为凯州新城的城市名片与"活力引擎"，促进文旅、艺术、教育、科技等新兴产业规模化、品牌化发展。

同时，无明显边界的城市中央公园将周边多样化的功能贯穿在一起，与区域产业协同布局，形成一个尺度亲密、能激发各种互动和活力的公共空间领域，能行使"城市"功能的综合体，引导人才、信息、科技、资本等创新资源要素加速流动，最终实现"人、城、产"互促的良性循环。这种高复杂度的新的城市空间形态能作为一种弹性体系适应未来新城变化发展的可能。

CBC 建筑中心：大师工作营模式区别于传统项目模式，将策划、规划、景观、建筑、运营等置于同一工作平台，您如何看待这种方式？在凯州新城项目中，您觉得联合其他团队工作中对您方案设计以及理念触动和影响最大的是什么？

谢晓英：在城市发展多领域顶尖专家、各地方政府管理部门等各方支持下，CBC 建筑中心创造性地提出了"大师工作营"的模式——通过前瞻性的联合规划设计，群策群力，集结多家顶尖大师团队的力量，建立一支高规格、多视角的研究型设计工作团队，进行"面对面"设计，令先锋的思想和多元的智慧在同一平台上发生共振，将整体规划、基础建设、产业动力、公共服务等职能有机性地系统考虑，避免功能不协调等问题，共同实现城市发展的弯道超越，助力文化引领下的城市升维——这应该是在"存量与减量规划"背景下城市建设与管理的一种最集约也最有效的思路。

在二十余年的景观规划设计实践中，我们亦一直在探索景观设计作为一种优质媒介，最大限度地发挥统筹功能的途径。我们致力于追求一种"无界"的合作范式，将城市设施与自然环境，与人的日常生活方式、需求、观念、行为连接起来，协调不同系统，提升土地价值，高效利用资源，促进城市有机体复合功能的融合与可持续发展，使景观设计向更广阔的领域敞开。

景观设计是具有时间性的，是城市发展的一部分，因而处于永恒的变化状态中。我们期盼未来持续生长的凯州新城中央公园，将山水格局与生态园林交融，将场地记忆与现代文明交汇，将艺术休闲与城市生活衔接，作为城市之心助力凯州新城实现"宜居宜业、环境友好"的现代公园新城目标。

建筑 ARCHITECTURAL

朱小地

朱小地工作室创始人、
主持建筑师

打造凯州新城对外展示的窗口
——凯州新城中央公园建筑设计

"凯州之窗"是凯州新城第一个公建项目，也是新城对外展
示的第一站，其呼应"山水生态之城"的总体发展要求，以新
颖的内涵和独特的创意力图吸引更多人的流入。

　　凯州新城规划展览馆位于启动区示范段范围内，毗邻规划中的人民渠主景观带，是新城建设及发展的龙头地带。其总占地面积约 1.4hm²，建筑面积 7819.98m²，是新城重要的公共空间和对外展示窗口。它如同一幅长卷，从成都平原的悠久历史到全新的凯州新城。

　　展览馆以"凯州之窗"作为设计理念，构建人、建筑与自然的对话关系。两栋主体建筑呈层层退台的态势，各层之间以室外台阶进行联系，在正立面上勾勒出明确有力、曲折向上的线条。穿行其间，既能看到自然美景，也能看到人文历史，更能看到人在其中漫步、穿行、登高远眺。人、建筑与自然在此融为一体，形成一幅人在画中游的画卷，成为凯州新城新的人文景观。整个建筑是一场大型实景演出的舞台，大幕徐徐拉开，新的城市故事即将上演。

凯州之窗

——潘公凯先生题字
　　原中央美术学院、中国美术学院院长，中国美术家协会副主席

建筑实拍图

造栋"窗"穿越时空，凯州新城规划展览馆

朱小地工作室

主体立面夜景效果图

建一扇"窗"，刻画一个诗意的城市舞台

"凯州之窗"这个名字除了表达其功能——城市规划展览馆以外，这栋建筑实际上也真的是个"窗"。"凯州之窗"是凯州新城第一个公建项目，也是新城对外展示的第一站，其呼应"山水生态之城"的总体发展要求，以新颖的内涵和独特的创意力图吸引更多人的流入。

"我应该是在去年的春节前最后一天去到现场，场地前面是一片荷塘，后边有一座小山，这座小山只有十几米高，在成都盆地的北边，一个很普通的场地。我去场地的时候先从荷塘走过去，荷塘因为到了冬天荷叶都枯萎了，有几个农民穿着很厚的橡胶裤子，正在收割莲藕，这是一个打动我的场景。

随后我们就向场地的深处走去，看到后面小山的两侧有水渠，一个非常震撼的水利工程，叫"人民渠"。总长度有400km，如果把支渠算上去，有2000多公里长。这个水渠有点类似都江堰的水利工程，现在仍然有清澈的水在那里流淌，滋养着成都平原北部的山区，使人们可以在这里安居乐业。我感觉到人文的迹象，天地、空间、人的作为，人和天地的关系。"

是"窗"，也是实景舞台

地标建筑对城市第一印象有代表性意义，如何让城市接纳它并成为文化的一部分很重要。凯州新城规划展览馆仅仅追求空间的拓展、建筑的形式、规模的扩大是远远不够的，这些都不是文化的核心内容。

你可以将"凯州之窗"简单理解为一扇没有玻璃的窗框，以大地艺术的方式被放置在自然中，前有荷塘，后有小山，远

建筑实拍图

建筑形态生成

处还有水渠、城市等人类活动的痕迹。两个建筑体在体量的错动关系中框一个"窗"出来，建筑就像隐匿在天地之中。飞桥从荷塘中一跃而起，连接"窗"，直通山顶。窗洞顶部的不锈钢板对周边环境、活动有所反射，生动跃然于眼前。

通过对项目所在地的准确解答，应该更多地延续过去的文化与传统，发现或者创造出新的文化内涵，进而赋予建筑。这样才能把凯州新城的建设，从过去所谓的开发区建设，以有形的空间资源的再造，转向文化资源的创造。

透过这个"窗"，仿佛看到一幅长卷，从成都平原的悠久历史到全新的凯州新城。两栋主体建筑呈层层退台的态势，各层之间以室外台阶进行联系，在正立面上勾勒出明确有力、曲折向上的线条。人在立面的楼梯上活动，整个建筑又变成一场大型实景演出的舞台，大幕徐徐拉开，新的城市故事即将上演。

"窗"的诞生

地标性建筑的选址首当其冲，位置恰好处于凯州新城起步区的核心地带，面向金中快速路，这是一条联系城市群的重要纽带。

场地周围既有自然景观——荷塘风光，也有人文景观——人民渠。优美的荷塘景观，实际上是传统农业社会的乡村景观的延续，是长久积累形成的人与自然的和谐关系的体现；而人民渠则反映了特定历史时期，人与自然的一种关系。

但是回归到项目场地，发现事情并不简单。小山坡和大大小小的荷塘，在当地是非常普遍的景观，并没有特色优势，规定的建筑体量也只有 7800m^2。既没有大山大水的天然条件，也没有宏大的建筑规模，还要突出分量和标识性，没有给建筑创作留足够的空间。显然，不能像做一个张狂的城市展览馆那么简单。如果从人和自然的关系、人和人之间的关系来切入呢？于是，"窗"景的概念出现了。

基地周围被山水环绕，建筑既要处理与周边环境的关系，显得不突兀，同时还要满足城市展览的需要，会议、停车、政府办公、企业办公的功能。最好的办法就是把小体量划分成更小的体量以适应尺度，将建筑功能分开。以曲面环抱之势，对外呈欢迎的姿态。

在基础体量上"开窗"，形成室外公共空间。依据功能逻辑，两栋建筑底部连通，作为会议和展览。上端分为两个独立的体量，分别为政府办公区和企业办公区。

以荷塘为近景，建立联系山水的连桥。"秋阴不散霜飞晚，留得枯荷听雨声"，成

设计效果图

主体立面效果图

都地区多雨，自然赋予这里一种天然的意境，朱小地则赋予连桥一种诗意化的想象。这条倾斜的坡道并不只通到池塘边缘，而是直入池塘深处，栏杆和水面相平，坡道穿过"窗口"，直通山顶。希望来到这里的人们可以走到荷塘水中，听雨观荷，抚触涟漪；可以沿坡道到山顶，看人民渠，审视壮阔的人类生活痕迹。这样一来，建筑便具备了与自然环境沟通的机会，形成了人与自然对话的新的时空格局。

细部设计上，为防止西晒，西立面采取"实"的立面处理手段，主要开窗在建筑东侧。退台与台阶直至屋顶，成为竖向交通，既减少了建筑内部多余的交通空间，又增加公共空间。

同时，将建筑西立面作为主展示面，利用交错台阶形成一面"舞台"，人们拾级而上，在建筑之上漫步、穿行，登到展览馆的屋顶远眺凯州新城的全貌，城市展览由室内走向室外实景。人与建筑、自然融为一体，形成一幅画，人在画中游，成为凯州新

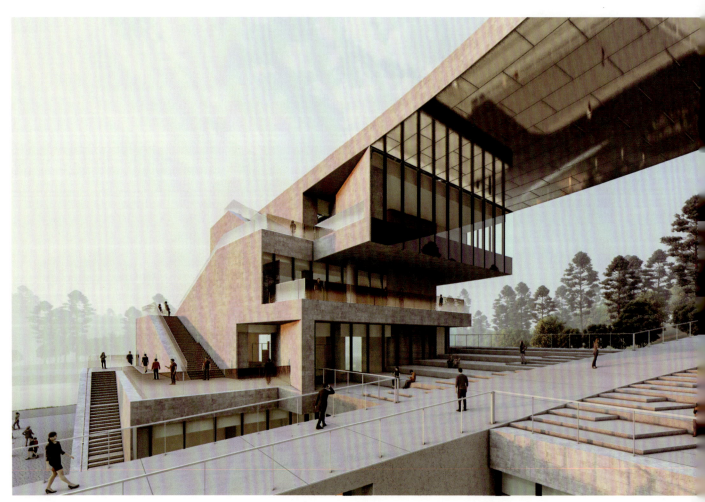

设计效果图

设计效果图

城的新的人文景观。

当夜幕降临，沿着室外台阶设置的洗墙灯将建筑层层照亮。到了室内，顶部有阳光倾泻，平面呈 U 形对着西侧的折墙，形成围绕的概念，不断错位的空间看起来更加活跃。

超越"门卫"的展览馆

新城崛起的第一步，就是吸纳更多的人才。如何吸引年轻人以自由的姿态进入凯州并留下来，开放的公共空间极其重要。而城市中创造的完整的步行系统，才标志着城市公共空间的完善和发达的水平。

因此，"凯州之窗"已然超越了城市规划展览馆的功能限制，大量的公共空间让它更像是一个"城市生活的客厅"，而不是"门卫"。

人只有参与其中，才能体验到空间的存在，建筑才有真正的价值。一如中国园林里可游可居的造园观念，更多讨论的是人和环境的关系，也是我们讨论建筑的文化性质所在。

只有人参与到建筑中去，建筑才真正有价值。建筑师希望它是一个新人文主义的作品，或者说东方人文主义的作品，更多地体现了建筑师对人的行为，尤其人在建筑

室内效果图

中行为的关注，这一点我觉得是必需的，也是方向。

实体的飞桥连接山水的空间跨度，建筑立面上的层层退台与阶梯，给人们提供了活动路径，供参观者饱览凯州新城发展的大格局。

朱小地认为引导观众的广泛参与，才能激活人们的心理体验，才能体现建筑的价值，让大家记住凯州和新的发展场景。

这时候建筑不仅仅是建筑本身，而是一个时空媒介，来激活这个场地上已经存在的时间、历史维度，以及场地上的空间维度积攒的能量。

地标建筑的文化性再造
——对谈凯州新城总建筑师朱小地

CBC 建筑中心：近些年来，全国各大城市规划建设了大批的新城新区，但是由于缺少相关的政策配套和人才政策，很多新城新区面临着空城、睡城、千城一面的现象，您认为凯州新城的特色在哪？它面临的挑战又在哪？

朱小地：近年来，成都和重庆提出了成渝双城经济圈的概念，经济圈在国家层面是站在全球化大格局下提出的世界城市的概念。世界城市要有一个或多个中心城市，带动周边的城市群，形成产业互动、整体发展的格局。

成都过去的发展，受到了两山夹一城的自然环境制约，近年来提出的东进战略，也是为成都争取发展空间。这个战略发展空间的目的是缓解成都现有的城市压力，解决它的城市病，同时也是为成都今后作为城市群中的中心城市重新布局。

凯州新城是成都东部新区的一个重要节点，它的未来充满希望和各种发展可能。在目前的政策性的导向下，应该抓住机遇，在今后的几年内，迅速成为一个新的增长点。

CBC 建筑中心：您刚才也提到了未来凯州会成为一个新的城市中心，那您认为，因为现在凯州还是一片空白，策划规划刚刚进入，未来凯州应该承接哪些城市中心的职能？它应该引进哪些产业？或者是引进哪些人才？用什么手段引进人才？

朱小地：成都近年发展得非常不错，它在全国的大城市发展的竞争中有独特的田园城市的格局。德阳北部方向，有很多的人口红利，年轻人的比例非常大，凭借这样的资源，与成都乃至全国高端人才的结合，为凯州新城的发展打下了很好的基础。依托成都原有功能的溢出，结合本地和周边地区的人才优势，打造一个以高端 IT 业、制造业紧密结合的新型产业集群，我觉得这是凯州新城的一个发展定位。

CBC 建筑中心：您之前主持设计过很多城市地标性的项目，那您认为这类的项目，它的核心在哪？

朱小地：在城市地标性建筑的设计中，一定要考虑到文化性的再造，过去的凯州有悠久的历史，自然地貌也非常独特，在当今社会发展的环境下，仅仅追求空间的拓展、建筑的形式、规模的扩大，都不是文化的核心内容。更多的应该延续过去的文化传统，对项目所在地准确解答，发现或者创造出新的文化内涵赋予建筑，才能把凯州新城的建设，从一个过去的开发区的建设，以有形的空间进行资源再造的方式转向文化资源的创造，这是标志性建筑必须着重考虑的内容。

CBC建筑中心：关于您主持设计的规划展览馆核心的设计理念是什么？设计过程中又有哪些历程是可以跟大家分享的？

朱小地：我第一次去到现场，场地前面是一片荷塘，后边有一座小山，这个小山只有十几米高，在成都盆地的北边，一个很普通的场地。我去场地的时候先从荷塘走过去，荷塘因为到了冬天荷叶都枯萎了，有几个农民穿着很厚的橡胶裤子，正在收割莲藕，这是一个打动我的场景。

随后我们就向场地的深处走去，看到后面小山的两侧有水渠，一个非常震撼的水利工程，叫"人民渠"。这个水渠有点类似都江堰的水利工程，现在仍然有清澈的水在那里流淌，滋养着成都平原北部的山区，使人们可以在这里安居乐业。我感觉到人文的迹象，天地、空间、人的作为，人和天地的关系。凯州新城的建设，应该有一个新的开始，这个开始一定不是简单粗糙的开发模式，它应该是继承原生环境，并得到新的营养、新的灵感反哺凯州。应该说凯州的建设，是拉开了一个生态文明建设的序幕，它包括了凯州的文化内容和生活概念。

展览馆所在的场地，前面是一个河塘，后边是一座小山，所以我希望到这的人，不仅仅是来看规划展览馆里边的展示内容，同时也能够感受到山水之间的情怀。在设计上，有一条从河塘一直通到山顶的坡道。我希望来到这个场地活动的人们，能够从这个坡道走到河塘边观赏荷叶、荷花，也可以按坡道向上走到山顶，可以看到人民渠这样非常壮阔的水利工程。

在细部设计的时候，我们在实墙上面做了台阶，这个四层的建筑，可以拾级而上，直通屋顶。因为城市展览馆是凯州新城的第一个项目，它应该不仅仅能看展览的模型、图片、视频演示，也可以走到建筑之外，屋顶之上，一览凯州新城的全貌。从过去的城市展馆内部的展示空间，逐渐将人们引到了户外，去尝试跟自然对话。

在深化过程中，逐渐形成了现在这个城市展览馆整个的创意。最终的设计，又恰恰像一幅徐徐拉开的大幕，也像一个窗口，这就是"凯州之窗"。

前期调研及踏勘

专家评议会

中期成果交流会

凯州新城主题论坛　　　　　　　　　　　　　　　　各团队推进交流

现场交流　　　　　　　　　　　　　　　　　　　专家评议会

团队驻场设计

场地调研及踏勘

多领域专家把关
凯州新城大师工作营成果

　　自大师工作营启动以来，四家团队历经 8 个月的驻场调研、设计创作、研究交流等，联合运营、业态、资本各个领域的顶级资源和专家，将项目全过程放在同一研究平台统筹考虑，最终形成了立足于凯州之本、站位高远、系统性强的成果。多位各领域政府领导及专家学者对大师工作营的终期成果进行评议，为凯州新城未来的发展留下了建设性的方向指引以及宝贵的建议。

周 俭

全国工程勘察设计大师，同济大学建筑与城市规划学院
教授、博士生导师，上海同济城市规划设计研究院有限
公司院长

编制组织体系有创新。通过大师工作营的形式，由一个团队统领、多个团队统筹，整体解决了一个地区的发展问题。

方法体系具有承接性。策划为战略，城市设计为愿景营造，景观为本底和特色，符合新城的资源条件。

策划成果符合新时代新发展理念，基于价值挖掘的工作思路，很好地支撑了"设计创造空间价值"的概念。城市设计因地制宜，山水地脉和组团模式，构建了新城核心区空间格局的特色。景观设计将自然山水和人文资源融合，并植入艺术功能和元素，能够大大提升新城的吸引力。成果系统性强，内容扎实，是凯州新城规划建设的良好基础，具有较强的指导性和操作性。

李兴钢

中国工程院院士、全国工程勘察设计大师、中国建筑设计研究院总建筑师

    工作营成果总结为"一体、一面、一线、一点":"一体"是指策划方案提出了整体的发展方向;"一面"是指规划设计对新城核心区的综合性梳理;"一线"为以人民渠为主干的中央公园景观带;"一点"则是规划展览馆的建筑设计。规划展览馆是大地艺术的建筑表达,是人与建筑、环境的对话。

    新城核心区总体策划具有整体上的方向性,引入音乐和艺术、设计、文化等内容,以原有水利文化遗产(人民渠)为背景,提出山水城市、田园生活的新城发展方向,并形成了"智造样板间"和"音乐会客厅"的特色主题;新城核心区规划和城市设计体现了存量发展时代的新增量城市特点,尊重地脉、文脉和人脉,城市结构结合山水脉络,生态本底决定空间方案,强调与地域文化的结合,形成山水田园小镇群;新城中央公园景观设计充分利用地形环境特点,将人民渠在不同位置的不同空间形态作为背景,结合多种人群公共及休闲活动,营造六个不同的景观区域主题,很具凯州特色;新城城市规划展览馆结合场地环境和参观、办公等功能需求,以大地艺术的方式,将建筑体量拆解堆叠,形成人群可以步行攀升的山体意象和"框景"效果。

邱 建

四川省住房和城乡建设厅
原副厅长、一级巡视员

在社会发展从高速度到高质量发生根本性变化的背景下，该项目顺应了新时代的要求，以绣花的功夫来解决城市发展的问题。地方的吸引力是吸纳人才和引进产业的关键。基于这样的认识，该项目统筹协同的组织方式具有引领性，以先进的手法进行城市设计；定位高远，立意得体；总体布局科学，形态布局、组团关系与定位相关联，设计适度，具有合理性和可持续性。

王向荣

北京林业大学园林学院原院长，《中国园林》主编，北京多义景观规划设计事务所主持设计师

策划、规划、建筑、景观全体组成一个完整的团队，共同协作。以大师工作营的方式，完成了凯州新城中央公园及城市核心区成果。规划设计工作方式站得很高，成果非常出色，对上位的规划进行了非常好的优化，将原来由道路路网决定的城市转变为由山水基础决定的山水之城，为未来凯州新城的发展打下了良好的基础。

袁大昌

天津大学建筑设计规划研究院院长

大师工作营的工作模式及其成果具有先进性。城市设计方案的定位十分准确，其所采用的"梳山理水"的设计手法是为了保证土地价值的有效提升和充分展现。策划及设计团队充分展示了敬业态度与专业水平，成果令人振奋，极好地宣传了凯州新城发展态势。

第三章

CHAPTER 3

启动区
打造
区
动
启
START BLOCK
CONSTRUCTION

以集群设计破题凯州新城启动区

启动区三大产业定位

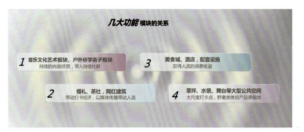

启动区几大功能模块的关系

凯州新城中央音乐公园启动区（金色大厅）北至人民渠，西至中金快速路，南临成巴高速，面积约 80hm² （即 0.80km²）。该区域北侧的人民渠，跨越谷地的劲松渡槽，是示范段内跨度最大的渡槽。

作为启动区示范段与发展引擎，凯州新城中央音乐公园启动区依托基地自然人文优势，以音乐主题、音乐产业为核心，引驻关联业态、丰富体验内容，构建新时代复合式文化产业集群，从而增强新城磁吸力，吸附人才和产业，逐渐形成城市高质量发展的新动能，最终助力凯州新城成为新时代中国新城建设的典范。

为实现将凯州新城中央音乐公园打造成为中国新城发展标杆、国家级综合试验区的目标定位，提升城市的吸引力和关注度，激发凯州城市活力，CBC 采取"明星建筑师 + 流量建筑 + 复合业态"的策略，邀请到众多国内外明星建筑师，在凯州新城启动区示范段（金色大厅区域）开展集群设计。包括朱小地工作室主持建筑师朱小地，上海交通大学设计实践院院长、奥默默工作室主持设计师张海翱，STUDIO QI 建筑事务所创始人、主持建筑师戚山山，B.L.U.E. 建筑设计事务所创始合伙人、主持建筑师青山周平，天津大学建筑学院原院长、教授、博士生导师孔宇航，四面田工作室创始合伙人、主持建筑师王蔚，在统一的理念指导下，以大师的力量打造 6 组具有情感性、体验性、社交性需求的建筑空间，共同实现凯州成为活力宜居的品质新城。

集群设计希望以众多的设计作品赋能凯州新城，塑造丰富多样的城市空间，汇聚多元复合化业态，通过网红运营形成打卡胜地。通过"设计 + 社群 + 事件 + 产业"闭环良性循环，以持续性事件、社群营造吸引国内外的音乐爱好者社群，给新城注入活力。

同时，CBC 建筑中心 采取"运营前置"的理念，在建筑设计之前预先谋划适合植入的功能和业态，并进行文化、艺术品牌的预招商谈判。凯州新城启动区示范段的集群设计中，预先确定的运营思路为建筑师的设计提供了指引。

运营前置，以美好生活为导向的产业新城

强化音乐主题，打造城市 IP。贯彻和强化前期大师工作营共识的音乐主题，将其打造成为凯州的城市 IP。以音乐主题、音乐产业为核心，聚集音乐社群，设计大师作品，注入关联业态、丰富体验内容，构建起具有全国影响力的"中央音乐公园"超级 IP，增强凯州新城的磁吸力，吸纳人才、客群。

聚焦年轻人，以人兴城。把握年轻客群需求，精准地抓住 Z 世代、95 后、00后的需求，更好地满足新生代用户情感性、体验性、社交性的需求，用线下强社交、强体验性场景的特点去连接更多的年轻用户。注重创新与个性，为年轻人提供创新社交空间，从而驱动年轻消费者打卡与自发传播。

遵循"运营前置"的策略。将运营提前，从项目初期就以运营思维全程考量，长期作战。对客群、产品进行分析，植入适合当地的文化、餐饮、音乐艺术、书店、户外亲子、婚礼休闲等各种文化商业业态，用运营前置的思维指导业态落位。

注重整体化运营，以美好生活为导向的产业新城。以音乐、户外、亲子、婚礼为四条主线，营造极致生活场景。通过策划有主题的复合式业态覆盖，吸引"无专业边界""无年龄边界"的消费群体。让"休闲之都"的成都人把生活放在凯州新城。通过前期对未来目标招商企业的入驻意向和具体需求的分析，打造有针对性的产品，洽谈及引荐音乐文化主题、户外亲子主题等运营品牌。通过策划持续性的大事件、吸引社群，共同激活凯州城市活力。

根据音乐文化艺术、户外亲子研学、婚礼休闲娱乐三大主题，对现状空间进行规划整合。设计注重整体性设计，进行亮点建筑 + 微景观 + 微场景的营造，充分利用建筑特色和位置优势，提升建筑的吸引力和公共性，每个地块打造出一个"网红建筑""打卡建筑"，以此吸引社群关注，聚集人气，充分提升商业价值。

启动区集群设计范围

凯州婚礼堂

总用地面积约 4 033.34m²

3 号地块以婚礼产业为主，以精神空间、公共空间、建筑空间及活动主题进行场景打造。

相遇茶社

总用地面积约 1 906.67m²

4 号地块以相遇茶社为主题，以川蜀茶文化与设计空间的结合，运用川西林盘的营造手法、共情创意空间的营造并结合建筑与装饰材料的运用打造出网红建筑打卡地。

人民渠渡槽博物馆

总用地面积约 2 200.65m²

6 号地块，主要功能为文化艺术中心及特色展览展示，是以茅盾文学奖、鲁迅文学奖获奖作家及其获奖作品为核心 IP 进行全体系化文创产品开发、生产、销售的专业创作基地。

山谷剧场

总用地面积分别约 2 478.652m²、约 6 396.15m²、约 5 891.92 m²

9 号、10 号及 11 号地块是音乐产业园区，以标志性建筑和设计作品的影响力，通过设计师作品与音乐活动的流量，源源不断地吸引年轻客群。打造超级 IP，形成音乐山谷国际艺术节、艺术家集中地、城市文化常态体验地、音乐文化产业集群等丰富且极具活力的产业园区。

艺术家山谷聚落

总用地面积约 5 238.44m²

12 号地块设计时应以精神空间、公共空间、建筑空间及活动主题进行场景打造，注重整体空间营造，打造一个村落式集中公共生活场所，其中包含多个大小各异的不同功能空间，为艺术家营造出一个功能空间丰富且舒适宜居的工作生活空间。

山谷文化客厅

总用地面积约 11 974.21m²

14 号地块是文化艺术园区，起着带动山谷整体文化艺术氛围、联动山谷内各产业间密切合作、推动凯州新城周边商业生态完善、吸引高品质产业与品牌进驻的重要作用。

六位建筑大师集群设计打造凯州新城示范样板

朱小地
朱小地工作室创始人、主持建筑师

张海翱
上海交通大学设计实践院院长、设计学院副教授、奥默默工作室主持设计师、第18届威尼斯国际建筑双年展中国国家馆执行策展人

戚山山
STUDIO QI 建筑事务所创始人、主持建筑师，松赞集团首席建筑师

享受国务院政府特殊津贴专家，住建部科技委建筑设计专业委员会副主任委员，住建部节能绿建专业委员会委员，中国美术家协会建筑艺术委员会副主任，清华大学双聘教授。代表作有：又见五台山剧场、又见敦煌剧场、北京城市副中心行政办公启动区总体规划及南区建筑设计、五棵松冰上运动中心、秀吧等。

上海市专家库委员、上海市江川路街道社区规划师、上海市愚园路街道社区规划师。连续参加北京卫视《暖暖的新家》建筑改造节目，并获得节目最高收视率。其中在网络引起热议的"北京机械车库之家""上海集装箱之家""上海垂园"，被"一条"及其他各媒体争相转载，成为现象级改造项目。代表项目：粟上海社区美术馆·愚园、"漂亮的房子"之木兰围场、广州东山肉菜市场改造。

全球可持续女性先锋及杰出人物100、Unsung Hero 女性建筑师奖获得者、浙江省政协委员、中国美术学院客座副教授和现代书法研究中心研究员，作为特殊引进人才任教于浙江大学。曾任美国哈佛大学、哥伦比亚大学、香港大学客座及评论教授。她是哈佛大学2010年度唯一派送建筑大师伦佐·皮亚诺事务所实践研究员，以 Summa Cum Laude 毕业于美国哥伦比亚大学，并授予"百年学者"特殊荣誉。代表项目：松赞滇藏线系列（来古山居、南迦巴瓦山居、巴松措林卡等）、飞蔦集·全国宿集系列、安之若宿·山。

青山周平
B.L.U.E. 建筑设计事务所创始合伙人、主持建筑师

B.L.U.E. 建筑设计事务所成立于 2014 年，由日本建筑师青山周平与藤井洋子共同创建于北京，是一所面向建筑以及建筑室内设计方向，充满年轻活力的国际化建筑事务所。B.L.U.E. 以厚重历史与先锐思潮激烈碰撞的北京为中心，通过建筑、室内、产品、艺术等设计实践，实现对城市物理、社会、文化环境等方面的研究，寻求一个真正连接城市环境的设计平台。代表作品有：阿那亚单向街书店、江南半舍民宿。

孔宇航
天津大学建筑学院原院长、教授、博士生导师，中国建筑学会建筑教育评估委员会常务理事

中国建筑学会建筑教育评估委员会常务理事，《建筑细部》主编，《建筑师》《世界建筑》《新建筑》等杂志编委。曾获维也纳 1992 "EXPO" 国际建筑竞赛特别奖、美国建筑师协会《世纪标志》国际建筑设计竞赛荣誉奖。代表作品：大连理工创意大厦、葫芦岛昱榕酒店设计。

王 蔚
四面田工作室（FAO - FIELD ARCHITECTS' OFFICE）创始合伙人、主持建筑师

北京市女建筑师协会理事，中国建筑学会村镇分委会委员，西南交通大学建筑学院教授

获美国 Architizer A+Awards 奖、美国建筑大师奖荣誉奖、中国建筑学会青年建筑师奖、建筑创作奖、瑞士 HOLCIM 可持续设计大奖亚洲奖励等多项国内外奖项。重庆建筑工程学院学士及硕士，美国哥伦比亚大学建筑硕士，纽约城市大学城市设计硕士，天津大学博士在读。代表作：北京宋庄艺术家工作室、扬州育才中学、成都汇泉中心、安徽老屋乡村博物馆等。

山谷剧场

凯州新城建筑集群设计 9 号、10 号、11 号地块建筑组团

朱小地设计团队
朱小地工作室

9 号地块
项目名称：大地之耳 /The Ear of Earth
主创建筑师：朱小地
设计类别：室外剧场
项目地点：四川省德阳市凯州新城
面积：1760m²
设计时间：2021 年 10 月 –2022 年 4 月

10 号地块
项目名称：自然之声 /The Voice of Nature
主创建筑师：朱小地
设计类别：LIVEHOUSE 剧场；排练剧场；音乐排演中心；乐器中心；制作中心
项目地点：四川省德阳市凯州新城
面积：8011m²
设计时间：2021 年 10 月 –2022 年 4 月

11 号地块
项目名称：彩云之上 /The Platform of Cloud
主创建筑师：朱小地
设计类别：LIVEHOUSE 剧场；独立工作室群；生活服务配套
项目地点：四川省德阳市凯州新城
面积：9610m²，其中地上 5109m²，地下 4501m²
设计时间：2021 年 10 月 –2022 年 4 月

整体鸟瞰图

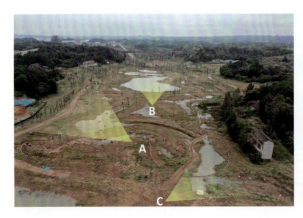

场地现状

场地现状

场地周边主要的浅丘地貌将音乐山谷完整地环抱其中，自然形成了整体性很强的空间感受，成为一处屏蔽外界打扰的公共休闲空间。北侧人民渠劲松渡槽为谷地主导视觉焦点，现已成为该区域内主要标志性构筑物。东西两侧的山丘夹着中央谷地，谷地开阔舒朗，水塘镶嵌其中，山丘上乔木与竹林掩映，具备很好的空间基础和景观特色。我们认为在此出现的建筑应在顺应场地结构关系的基础上考虑表达的丰富性。

作为凯州新城的核心区域，散点状用地斑块使得原始景观特征得以有条件保留延续，成为最具当地景观特色的城市开放空间，因此建筑设计从景观出发，使建筑融入场地之中，体现人与自然的整体关系。

总体规划

凯州新城中央音乐公园位于凯州新城启动区内，是围绕启动区音乐山谷的多个地块共同构成的文化项目，是启动区示范与发展的引擎。未来建成后将成为凯州新城重要的文化＋自然休闲体验公共空间。

规划中为实现视线开放、视廊通透，建筑沿中央水景的立面应尽可能开放，提供游人沿水景周边在建筑的檐口、骑楼下或者室内连续穿行的可能性。第二排建筑通过退台、顶部缩小来控制体量，同时应通过前后排建筑错动，使得第二排建筑也具有一定的观景视野。各个地块的设计均应考虑项目群所在山谷的整体空间效果和景观特征，控制建筑体量与个体的表现。三个地块沿中心景观展开总长约 320m，将采用不同的思路进行设计，分别对待，使得每个地块的建筑有不同的性格，但又具有整体的协调性。其中 9 号地为山谷剧场，作为单体标志性建筑；10 号地为展演空间，建筑以化整为零的手法，形成群体聚落；11 号地为留驻创作区，不同高度的建筑体量形成连续的屋面台地。

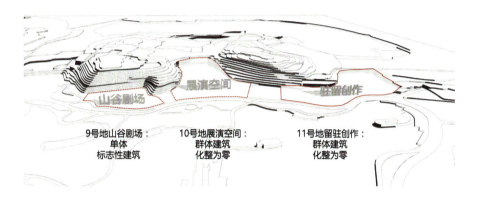

9号地山谷剧场：
单体
标志性建筑

10号地展演空间：
群体建筑
化整为零

11号地留驻创作：
群体建筑
化整为零

规划思路

三个地块沿中心景观展开总长约 320m，将采用不同的思路进行设计，每个地块的建筑有不同的性格。

功能解读

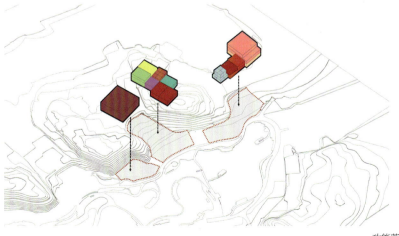

功能落位

9 号地块——大地之耳

山谷剧场如大地之耳一样聆听自然之声，将当代音乐的灵动与神性体现，自然的弧形轮廓与变化的光影，好似聆听世界的耳朵，再次创造了人们与天地和自我精神世界对话的机会。

建筑可以分为两个部分，一个拱形的混凝土壳体单层山谷剧场，以及一个与山体结合的圆形室外剧场，两个空间彼此相互联系。其中壳体面向音乐山谷一侧打开，面向音乐山谷和北侧的人民渠形成自然的拱形轮廓，仿佛是在倾听自然之声。而建筑面向山体一侧形成一个瘦高的开口，是舞台的空间，自然光线通过开口照亮壳体一侧充满了神秘感，引导人们倾听音乐的同时与天地对话。建筑能够同时容纳 500 ~ 600 名观众，观看区设计为自然的台阶拾级而下，两部分舞台之间相互连通，为演出提供了多种可能。建筑与场地的山体形成错落的天际轮廓线。通过步道，人们能够自然地从剧场内部进入到室外剧场的空间中，再登上建筑的屋顶眺望音乐山谷的美景。

1-1 剖面图

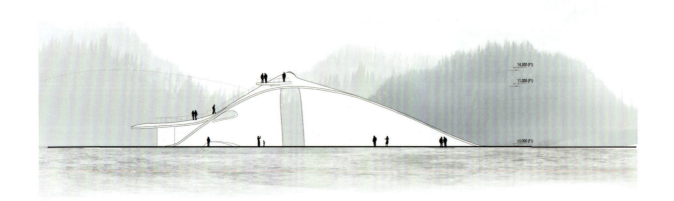

效果图

效果图

效果图

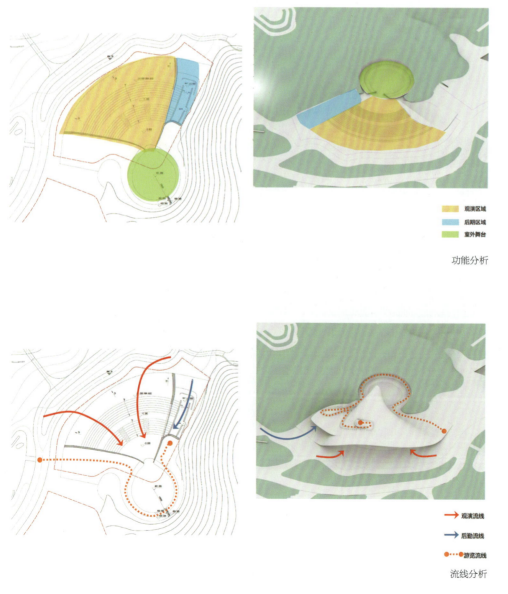

观演区域
后期区域
室外舞台

功能分析

观演流线

后勤流线

游览流线

流线分析

效果图

效果图

10号地块——自然之声

　　流动的空气在空腔中的吞吐产生了曼妙的声音，诞生了大自然的乐器。本案灵感取自苏东坡名篇《石钟山记》中描绘的中空多窍，在水流的吞吐下发出窾坎镗鞳之声的巨石。道法自然，将建筑体量挖出彼此连通的孔洞，这样建筑就像一个大的会发声的乐器，和外界沟通，人群、空气、光线的变化，共同奏响自然之音。

功能分析

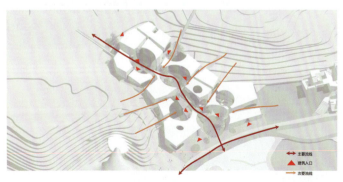

流线分析

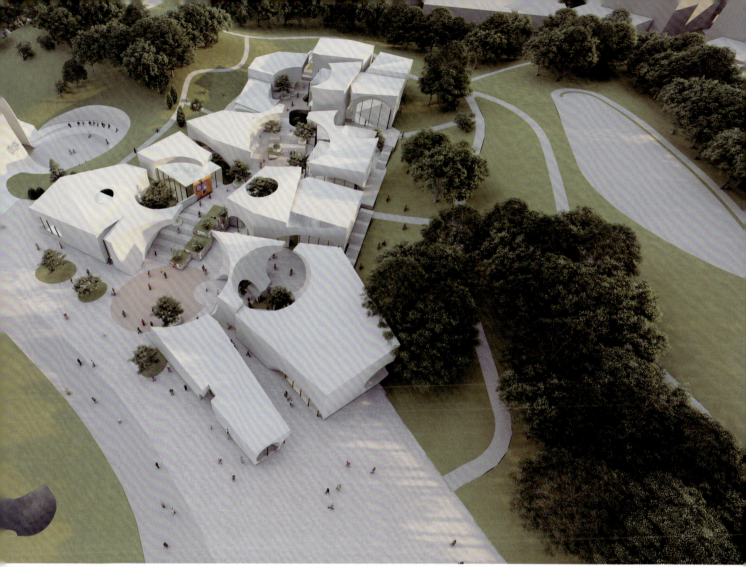

效果图

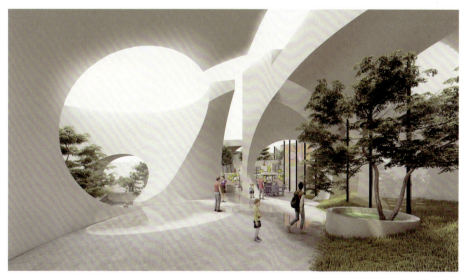

效果图

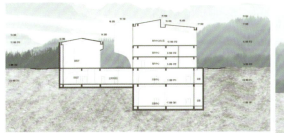 

剖面图

面向未来的高质量新城发展之道——凯州新城大师工作营

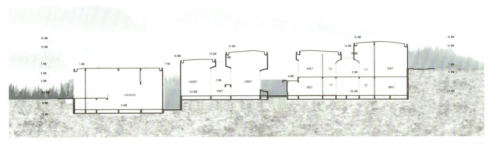

剖面图

效果图

11号地块——彩云之上

　　生活即舞台。作为独立工作室群落及工作室商业街区的建筑群落，本案结合优美的自然环境将建筑体量化整为零，形成起伏视廊，结合地形，在屋顶等处设置多层平台及台阶，营造生活处处是舞台的空间，正如诗句"你站在桥上看风景，看风景的人在楼上看你"。屋顶和街区的每个角落都能成为即兴表演、音乐交流、音乐聚会的场所。通过营造一种"不是演员就是观众"的氛围，让艺术家在更多的互动、交流中激发创作灵感。

效果图

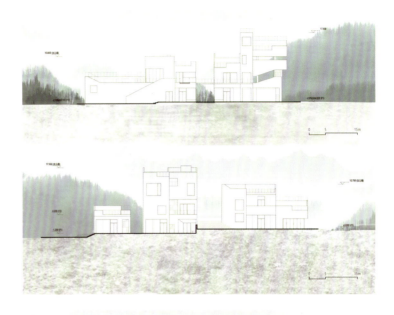

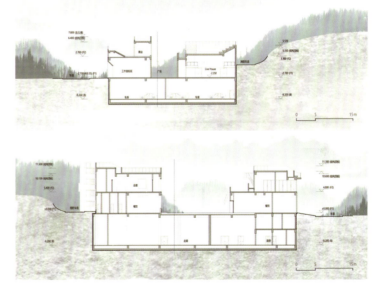

剖面图

效果图

设计生成

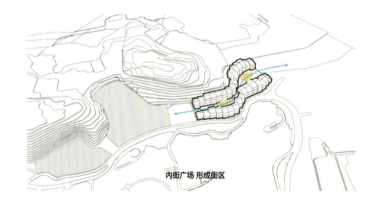

内街广场 形成街区

确定主次出入口，中间设内街，结合场地设置两个广场，两边建筑前低后高。

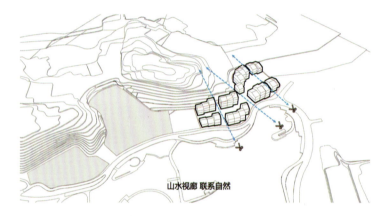

山水视廊 联系自然

结合地形及环境，形成三条山水视廊。

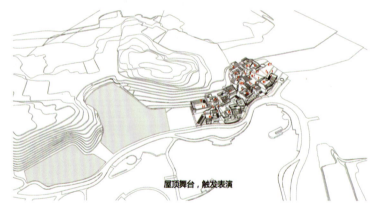

屋顶舞台，触发表演

结合优美的自然环境，使音乐家更好地沟通交流，结合地形、屋顶等设置多的平台及台阶，营造生活处处是舞台的空间。

LIVE HOUSE
工作室街区
独立工作室群
生活服务中心

功能分析

效果图

对谈山谷剧场建筑师朱小地

CBC 建筑中心：请您谈谈对凯州的印象，以及您认为凯州新城的发展需要应对哪些挑战？

朱小地：凯州新城是在整个成渝经济带大格局下建设的一个新城，它的发展背景是在我国从增量时代到存量时代的一个过渡阶段。因此，凯州新城的规划设计面临的挑战，既要我们认真总结在增量时期的经验和教训，又要在存量时期更多地去关注凯州新城的功能如何适应新的发展理念、如何与环境相互融合、如何充分满足当地人对城市空间的需求。凯州新城会是社会转型过程中一个非常具有代表性的案例。它发展的机遇和挑战同在，如果处理的好，凯州新城可以成为四川乃至全国新城建设的一个范例。

凯州新城的选址在四川非常独特的丘陵地带，不仅有林盘、小山、水系，还有人民渠围绕着环境串联在其中，这也给凯州新城带来了一个新的人文的资源。

对待凯州新城的规划，要去充分利用现有的自然资源和人文资源。这一点，相关的设计团队都达成了统一的共识。比如说，从整个城市的土地和道路规划上去讨论面对未来。小地块密路网，整个的空间形态和道路网格系统都和自然环境紧密结合在一起。也包括了围绕着人民渠形成的一个城市的中心，将来会更多的满足市民日常的文化生活。这些点都是我们在城市规划和城市建设当中，在过去取得了更多的经验和教训的基础上，面向新世纪来做的新城的规划。

CBC 建筑中心：凯州新城在未来发展过程中应当如何避免同质化？

朱小地：我们在以往的城市建设中经常会被诟病城市发展形成了千城一面的格局。那么我想，凯州新城的建设首先就是要避免同质化发展的重复。这就需要强调凯州自身的特点和优势，以及在规划和建设中将设计的理念和方法的一以贯之。这样才真正能发挥出城市的个性以及自身的优势。

比如说凯州新城的规划和建设，整体来讲是依托了现有的自然条件。因此我们更少地去扰动土地的现状，更多地依靠山川地势所形成的不同的高度、方位、大小的地块，把它进行统一的规划，最终形成的成果就具有很强的独特性。

特别是川西林盘的这种地形，边缘非常地自由，尺度非常地适宜，我们常说的绿水青山就是金山银山，也是强调了自然环境的禀赋给我们人类生活提供了良好家园。所以在这点上我觉得规划是做得非常到位的。我们的建筑设计也是一样，在已经规划出来的这个地块当中，更多的是强调了建筑和自然的山林水系的这种对话，建筑体量如何准确地回应周围空间的尺度，对于人民渠这样的一个人文遗产如何更好地结合在一起。最后形成的建筑设计的成果，一方面体现了规划的意图，同时也更好的用单体的设计来回应了规划理念和价值追求。

CBC 建筑中心：如何看待策划统筹、运营前置的项目思路，这些为您的工作和设计带来哪些思考？

朱小地：凯州新城的规划和建设采用了一个全新的模式，这个模式把项目的定位、后期的运营作为规划和建设的重中之重和前提条件，在这个方面，CBC 建筑中心做到了统领和牵头的作用。在这样一个大的框架之下，整个的规划和设计其实都是被城市运营和管理机制倒推出来。这样的话，我们的规划和设计是有的放矢，在理念、功能上都符合城市的真实需求。在这样一个新的组织框架内，规划设计、建造和运营其实都是形成了一个相互衔接、相互支撑的完整的城市运营体系。我觉得这个方式也是凯州新城整个规划和建设的一个创新点。

CBC 建筑中心：请您谈谈此次方案的设计理念，并分享对于该设计在项目中的定位的理解。

朱小地：音乐山谷是整个凯州新城核心区。围绕过去的河道构建的开放的空间，周边散落着和音乐有关的培训、教学、驻留和演出相关的一些建筑。我们的三个项目是音乐家工作室、音乐的教育基地和音乐的表演空间。建筑和音乐在此也有相互碰撞的机会。俗话说，建筑是凝固的音乐。如何把建筑表现和音乐能够融合在一起，还是一个很大的挑战。

我们的展演空间为"大地之耳"，这个建筑是一个从地面匍匐逐渐拱起来的建筑的形体，如同大地的耳朵一样，我们希望能够更多地聆听来自自然的声音，表现出艺术家、音乐家与自然的共鸣。

"大地之耳"旁边就是我们艺术培训、教学、演出的一个空间。这个空间用了洞穴的这种概念，来源于音乐在空腔里面来共鸣的感觉，所以建筑形式非常灵动、空灵。再往远处就是音乐家工作室，我们在思考音乐家住的工作室，如何能够和参观者互动？一方面它的一层是一个展示的地方，能够和音乐的爱好者在这相聚。同时我们也希望音乐家能够带更多的朋友来一起参与这个地方的活动。那在哪能够创造一个机会？我们选择了在屋顶上，每个音乐家的工作室的屋顶都被设计成一个不同形式的剧场的台阶的状态。我们希望音乐家们在这个屋顶上，能够做一些自我的演出，也是在不同的建筑的屋顶上形成了这种音乐的交互，更多地吸引大家来这参与活动。这是我们当时做这三个项目原始的一些想法。

人民渠渡槽博物馆

凯州新城建筑集群设计 6 号地块

张海翔设计团队
上海交通大学奥默默工作室

项目名称：人民渠渡槽博物馆
主创设计师：张海翔
设计团队：李迪、徐航、王竟闯、杨格、李依杭、马利宝、钱坤
项目地点：四川省德阳市凯州新城
建筑面积：2200m²
设计时间：2022 年

整体鸟瞰图

场地现状

概念草图

场地现状

本项目北面人民渠，西临水面，临近基地的东侧为地形高起的小山，总起趋势西低东高，利用这一趋势形成了建筑的整体西低东高与公园空间相融合的空间,类似于"隆起的地表"，是自过程的建筑的表现形式，反映了公园一体化的无边界景观。基于初始的使用需求整体建筑分为两部分，依据使用空间排布与基地内,中间部分打开形成视线。

设计构思与理念

本项目以"公园城市"+"景观都市主义"为设计的最初理念，实现公园形态与城市空间的有机融合，自然经济社会人文的融合，人城心境的和谐统一，突出公园特色，把生态价值进行融合提升。

与空间穿透的空间，使山水景观相连，形成中间由地面到高两侧翘起的建筑形式，柔和的线条与整体景观空间融合统一。立面采用错落的竖线线条，形成了类似音乐节奏的空间呈现；平面上采用音乐符号为设计原型，有效地结合空间功能。由于用地局促，方案通过构思设计，克服了不利的客观条件，并试图将其转化为优势特色。除了平面上细致推敲平面尺寸，在竖向上采用挑空、夹层等手法，将空间更加充分、合理地利用，

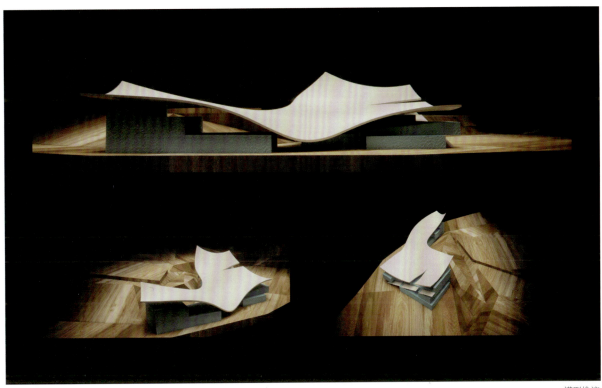

模型推演

建筑模型

使得建筑各项功能完备，流线清晰。

　　重视建筑节能设计，通过设置内庭，充分利用自然采光、通风，降低能耗，为日后使用与管理创造条件。建筑还采用环保材料及节能技术，如空调节能及可再生能源利用等，以适应循环经济和可持续发展要求。

建筑单体设计

　　平面设计：展览馆分为两部分，分别为渡槽博物馆和艺术展览馆。渡槽博物馆为地下一层、地上二层：地下一层为富有当地"水"特色的水下展厅，水影产生了灵动的展览空间效果，东侧为后勤及设备用房；地上一层为博物馆的主入口，主要为展览功能；地上二层为 VR 展览，北侧可利用移动隔断形成讨论空间。艺术展览馆为地上三层：一层为大量的灰空间，有利于室内外的空间联系，同时，利用灰空间部分设置半室外咖啡空间，沿水面的圆形空间为书店，有面向水面的大面积景观视野，顶部收进的形态和天窗形成沉静的心灵空间，东侧是艺术展览馆，满足多种展览展示功能；二层为艺术家工作室及共享客厅及茶室；三层为两间艺术家工作室，并设置共享露台，可欣赏南侧的音乐厅及凯州规划馆等。展览平面空间布局灵活，可满足多种展览形式的需要；公共及休息空间开放且多样，满足赏景及公共休闲体验，开放性的设置不仅

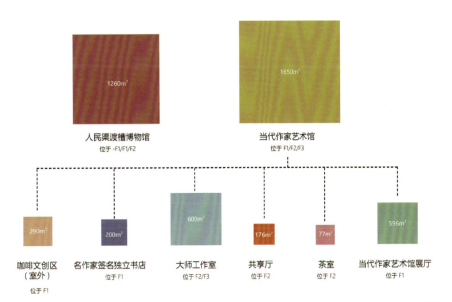

功能布局

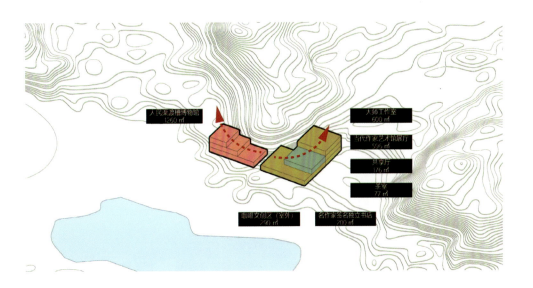

为展览馆提供充足的休闲空间,同时将这些空间释放给整个公园,为整个音乐公园服务。

立面设计

本项目作为展览馆,立面整体造型与凯州当地相适应,采用了四川当地的瓦和竹子为主要材料。屋面缓缓上升的流线造型与周边地势呼应,撕开的屋面形成一条条光的缝隙,给大屋顶下提供了自然灵动的采光环境;灰空间为一根根挺立的竹子,行进其中仿佛步入竹林,充分体现了四川特色;建筑主体采用清水混凝土的外饰面,简洁现代,结合功能空间形成多个赏景的窗口,充分地与公园及渡槽进行了对话。建筑整体形态简洁大方,地域性强,精致素雅,令人印象深刻。

效果图

各层平面布局

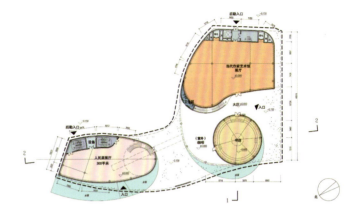

一层平面图

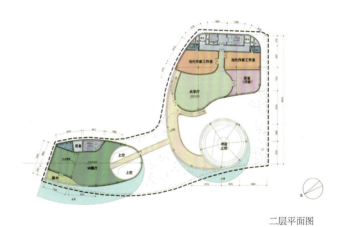

二层平面图

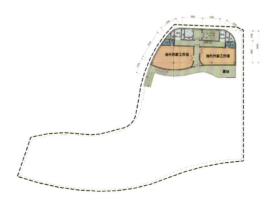

三层平面图

效果图

效果图

效果图

对谈人民渠渡槽博物馆建筑师张海翱

CBC 建筑中心：请您谈谈对凯州的印象，以及您认为凯州新城的发展需要应对哪些挑战？

张海翱：正如我们方案中所说，凯州给我们有几个重要的共生印象：首先是自然的共生，也就是与龙泉山脉共生；其次是人文共生，作为音乐山谷与音乐的共生；然后是科技与低碳地景的共生。以上 3 个共生构成了我们方案的基底，同时也是我们认为的凯州新城未来将要面对的挑战。

目前中国正在持续进行轰轰烈烈的造城运动，既是机遇也是挑战。在一块空白土地上平地起楼是非常困难的，凯州新城也同样面临着相同的机遇与挑战，但是我们认为凯州新城有几个重要的优势与要素：自然、人文与传统。基于以上基底的新城更有机会持续发展，保持在地文化自信的同时保持先进性。

CBC 建筑中心：凯州新城在未来发展过程中应当如何避免同质化？

张海翱：历史上的城市都是经过千百年不断演变发展，不同文化景观的层叠带来了丰富的城市肌理与氛围，这种空间感受是很难被模仿和复制的。而新城所面临的问题就是在短短的时间就要进行大量的建设，这种城市建设方式必定带来了一定的风险，其中特别显著的就是同质化的问题，尤其是全国大量的雷同的新城。但是作为凯州新城一定要抓住在地文化自信，通过围绕凯州在地特色的城市设计与建筑设计，避免同质化。

CBC 建筑中心：如何看待策划统筹、运营前置的项目思路，这些为您的工作和设计带来哪些思考？

张海翔：运营的前期介入很好地协助了方案的推进，使得项目可以快速推进，我们作为设计师也可以及时调整优化，在方案概念的前期就充分考虑后期业态所带来的特点。

CBC 建筑中心：请您谈谈此次方案的设计理念，并分享对于该设计在项目中的定位的理解。

张海翔：本项目以"公园城市"+"景观都市主义"为设计的最初理念，实现公园形态与城市空间的有机融合、自然经济社会人文的融合、人城心境的和谐统一。突出公园特色，把生态价值进行融合提升。本项目位于公园西侧，东侧为水面，临近基地的东侧为地形高起的小山，总起趋势西低东高。利用这一趋势形成了建筑的整体西低东高与公园空间相融合的空间，类似于"隆起的地表"，是自过程的建筑的表现形式，反映了公园一体化的无边界景观。

CBC 建筑中心：作为项目的参与者，请您聊聊本次参与凯州新城建筑集群设计的感受。

张海翔：此次集群设计不仅是一个特别好的集思广益的过程，同时也是一个设计师互相学习的机会。不同设计单位各抒己见，形成的方案和而不同，有效地避免了总体设计的同质化，这是特别好的一种方式。

凯州婚礼堂
凯州新城建筑集群设计 3 号地块

戚山山设计团队
STUDIO QI 建筑事务所

项目名称：凯州婚礼堂
设计单位：STUDIO QI 建筑事务所
主创建筑师：戚山山
设计团队：吴凯、尚奕秀、曹泓毅、陈羽卓、杨涵
设计类别：公共文化类建筑（婚礼堂）、公共接待类建筑（酒店）
项目地点：四川省德阳市凯州新城
设计时间：2021 年 10 月 – 2022 年 10 月
建筑面积：约 4000m²

婚礼堂正立面山势与制高点

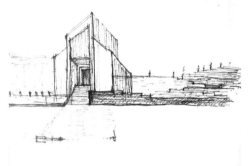

手稿 山势与制高点　　　　　　　　　　　　　　　　　　手稿 序列与空间布局

前期构思：旋律与双世界

　　时间回廊，旨在制造在体验上的相对时间。人对于绝对的时间有着不同的感知，连廊与空间交织，视线与路径叠加，构建出时空维度与叙述维度的双世界结构，创造出的是一种在感知中相对的体验，以及循环往复的记忆。

　　在乐章的五线谱上，时间是线性流动的，当不一样节拍的乐谱沿着不同轴线交织在一起时，时间也从平面上展开，不再是线性的。形成的节点能跳转和延伸。音符记录时间和叙事，其构成的平面关系形成了空间的布局。

场地与布局：雅典卫城的回响

　　场地位于湿地公园的一个山坡上，是公园的最高点，山坡其中一面较缓，山势跟雅典卫城所处的山丘非常相似，婚礼堂也正如位于卫城山丘上的帕提侬神庙，等待着游人们漫步至神圣的高地上回望整个区域的景色。

　　雅典卫城的空间布局与路径、视点和视野相关。不同于其他的宫殿神庙的布局，由主轴线和对称性控制，卫城的空间布局特征有两点：一是建筑与神像在不同透视关

雅典卫城 路径与空间体量

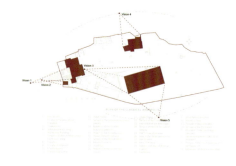

雅典卫城 视线与布局

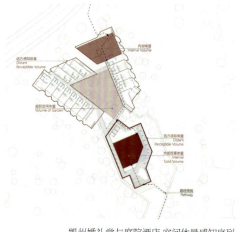

凯州婚礼堂与庭院酒店 空间体量感知序列

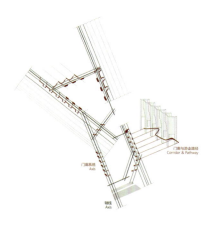

凯州婚礼堂与庭院酒店 门廊与游走路径

系下的视觉表现特征；二是空间体量的一系列感知特征。从山下到山顶终点（这里的终点假设是帕提侬神庙的室内）的整段旅程中，雅典卫城如长画卷般向人们展现，空间体量的相对多重变化脱离了原本绝对的物理尺寸。

视觉表现的碎片随着路径被串联重组。雅典卫城的主要建筑部分，如山门、雅典娜胜利神庙、厄瑞克修姆庙、帕提侬神庙，都随山势沿山体边缘的方向分散布置。旅者站在山下眺望时，建筑立面因为接近山体的边缘在视野中得到展开，同时视野景域也随着山体边缘形成的参考线形成构图。立面上的多立克式柱廊在旅者的脑海中第一次形成印象。进而，沿着上山的阶梯，山门和雅典娜胜利神庙得到再一次仰望，旅者站在阶梯上，视点被固定，依照这个位置，山门与旅者正面相对，而雅典娜胜利神庙则有一定角度的偏移，使得其在旅者眼帘内形成最佳的视角。最后穿过山门，右手边就是帕提侬神庙，其正立面和左立面在透视的作用下以黄金比例的关系得到展现，并消逝在两个灭点中。依随路径，在严密的视点视线的控制下，雅典卫城的每一面形成

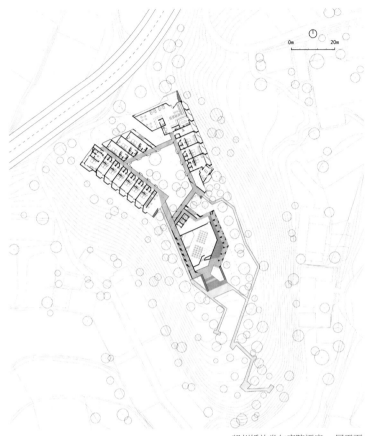

凯州婚礼堂与庭院酒店 一层平面

了不同的空间表现。从山脚下的远景到上山的中景，再到卫城内的近景。不同透视关系下的场景碎片，在记忆中跟随路径被串联或重组，庄重与雄伟在多维度中得到表达。

建筑空间的体量感知构成序列，从而组织整个空间布局。上文说到雅典卫城中主要建筑的自由散落，即是对体量感知的考量。其中位于上山阶梯的位置时，将纵轴定义为 Z，横轴定义为 X，前后方向为 Y。旅者在山脚随阶梯攀升，向 Z 轴和 Y 轴两个方向推进，X 轴随余光被无限地拉长，此时感受到的是希腊城市的边际、远处的山脉大海和广阔的天空，在没有近处的参照物的此景下，人如混沌中的尘埃般渺小。随着逐渐地攀升，高处的山门慢慢向旅者靠近，石材庞大厚重的分量感迎面而来，这是初入卫城时对空间的感知。穿过山门，看到的是 9m 高的铜制雅典娜普罗马科斯像。视野被山门的边缘收缩，视线落在前方铜像的底部，又突然随着视线的上扬，到达空中。此时旅者的视线在 Z 轴上发生了变换，先前山门的体量感被头顶上的天空消解。再靠近铜像走，旅者的视线又回到水平线上，被不远处的帕提侬神庙吸引。因神庙角度的

149

婚礼堂立面 从门廊到外部自然

婚礼堂主入口 体量的消减

婚礼堂双廊 并置与交织路线

偏移，在透视中其正立面与左立面形成黄金比例的关系，此时恰恰呈现出神庙的整个体量，这是第二次对建筑空间的感知。旅者继而往神庙的方向走去，已形成的体量感知被一步步确认，但靠近神庙会发现，神庙的入口处却在后方。这时旅者继续依照神庙的左立面沿 Y 轴的方向走，视线也朝 Y 轴毫无遮挡地落在远处。当旅者沿着转角转弯朝入口走去时，视线是快速地约90°扫视远处的山脉，一瞬间的开阔后，再进入神庙的室内，视野的尽头是雅典娜·帕提侬巨像。随着整个游历的路径，旅者对空间的感知不断变化，却又依靠前后的空间关系产生张力，从而形成空间感知的序列，将整

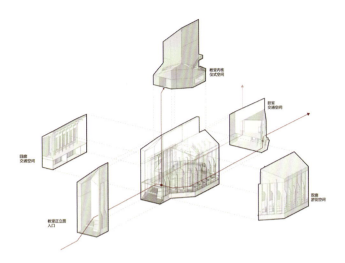

爆炸轴测　婚礼堂 外壳与内核

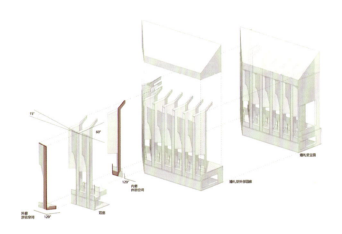

爆炸轴测　双廊与交织路径

个空间组织起来。建筑体量带来的宏伟得到彰显，这样的布置使建筑不会被有限的山顶面积挤压而相互影响，两个建筑若相邻过近，体量的感知就会被另一建筑削弱。

　　凯州婚礼堂的项目场地也具有相似的山势，位于湿地水塘对岸的一面坡度较缓，使婚礼堂更自然地融入彼岸景色中。以雅典卫城的自由平面作为参考，婚礼堂塑造了具有叙事轴线和功能空间轴线的双轴线空间结构。

庭院酒店主入口空间关系

穿过餐厅到达内部庭院

内部庭院与廊道的渗透关系

内部庭院走廊

廊柱转折形成的坐凳

布局与功能：婚礼堂与庭院酒店

项目根据功能划分为南北两个组团区域：南侧的婚礼堂和北侧的庭院酒店。南北两端各有一个主入口。婚礼堂坐落在整个场地的最南端，一层作为后勤区域有婚礼仪式配套的化妆间和更衣室；二层是由回廊包裹着的婚礼主仪式厅。新人和宾客在婚礼堂主入口阶梯的引导下，将进入婚礼仪式厅或穿梭于回廊间，在仪式结束后从南边开口绕出进行茶歇，沿飞廊可直接到达南边婚礼酒店住宿区。

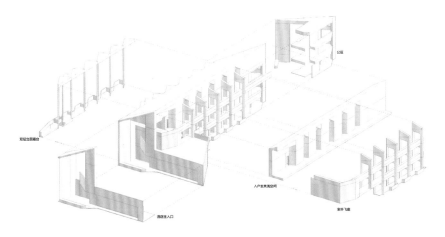

爆炸轴测 由飞廊勾勒的立面

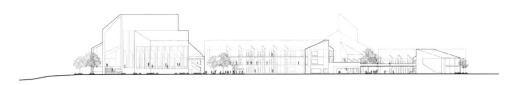

外立面展开 序列与叙事性

　　场地北侧为酒店住宿区，外部车辆、后勤人员等皆可从北端入口进入。酒店大堂配有接待厅和早餐厅，来酒店住宿的宾客从接待厅穿梭而过，初入眼帘的是酒店的中心庭院，庭院配有花池绿植和休憩座椅。宾客沿回廊可到达各客房。其中婚礼客房位于景观面最优区域，面向东南，可从室内眺望湿地公园和人民渠。酒店区由三栋组成，其中北侧和西侧两栋为两层，南侧景观较优的一面为三层，共配有三十一间客房。

　　根据场地特性，整体建筑采用南高北低、突出婚礼堂空间体量的布局策略。南侧婚礼堂位于二层，可以由室外台阶入口平台进入，婚礼堂外围配有等候厅和景观回廊。建筑整体室内外基调主要为明亮、通透。搭配婚礼活动和酒店体验，给人一种纯净空间的氛围。材质多用浅色以突显空间原本的几何形态，以暖色调颗粒感的涂料营造温暖的小空间。实墙与透明玻璃虚实的表达使空间更加通透，加上玻璃的反射使空间多了亮光的点缀。

　　婚礼堂和酒店的空间布局内外贯穿，因此景观配合建筑空间打造花园式游走体验。

在建筑空间中，跟随轴线在节点位置布置景观绿植，根据空间视点的关系景观绿植也形成近景、中景、远景，人在建筑中穿梭，从而形成被景观包围的感觉。

叙事性立面：序列与场景联动

婚礼堂与庭院酒店自北向南串联形成的是具有现象学特征的"叙事性"立面，具备如同中国山水画的绘画语言一样的视觉特征：抑扬顿挫、起伏绵延。由于外廊和"浅空间"的叠加使用，无论正面观看的立面，还是侧身成角度看逐渐展开的立面，视觉线索总是从局部开始的，视线会首先落在近处的一段回廊之上，顺着廊道不断延续。如同阅读一幅中国的山水画卷一样，立面叙事从一个角落开始，娓娓道来。此刻，耳边除了公园中的风声与鸟叫，脑海里仿佛还传来了婚礼背景曲，新郎新娘在回廊间穿梭，游人在小径间漫步，让观看建筑成为一种生动且带有共存性的体验。

回廊路径的起落，其实就是对山水画中笔势的呼应，局部不断延续，细节不断刻画，引领游人向前。当视线停落在某一个墙面上时，这个原本平直的墙体就开始在不同维度上发挥着张力和伸展，或延伸成一道斜梯，或形成一个坐榻，或浮现为一个小龛。建筑立面上的飞廊也是如此，它一直与墙面发生着接二连三的交互，有时轻轻露在建筑之外显得飘逸，有时相互纠缠，有时还好像与墙体发生过剧烈碰撞，在墙面留下了巨大的裂痕和开口。

整个场地从婚礼堂最南端山坡到婚礼酒店最北端大堂，流线能够从南至北完整地串联。通过打造山坡游步道、室外回廊、室内回廊、半室外飞廊、花园小径等游走体验，宾客可以在整个场地中穿梭漫游，回应了项目"时间回廊"的主题，从而形成一部连续的乐章。

双廊：并置与外置

婚礼堂仪式厅的外部布置了两条位于不同建筑层级的廊道。内廊连接着婚礼仪式厅，宾客在参加仪式之后将会在内廊的墙边或者配套座椅上休憩。同时内廊分布着向下走的阶梯连接着外廊，外廊创造了一个直接面对外部自然森林的界面，更适合旅者游走和观看外部的风景。在这里，空间层级被清晰地划分，由婚礼堂的室内空间到内廊的休憩空间，再到外廊的游览空间，旅者的目光最后会落在远处的森林上。双廊并置这一手法的使用使得身体行走方向上的单一路径被打破并形成交织关系。单独的廊道路径是单向的，双廊由中间的阶梯连接，事件的触发或景色的吸引促使人们在这一组层级空间中穿梭，内廊的体验可随时随着中间的阶梯转移到外廊，空间的场景性和事件性就在这种交织关系下被串联起来。

具有序列性和轴向的门洞沿着双廊被布置。廊道外置后，外部自然如同由廊道连接的另一个房间，这种暗示被门洞增强。在廊道中行走时，身体沿着廊道的路径向前，而视线会沿着门洞的景观轴向投向外部的自然，通过身体和视线之间的偏离而产生走向外部自然空间的想象。由于双廊的并置和连接，身体行走的路径将发生转折，沿着门洞的轴向从廊道中间的阶梯向下或向上走。从内廊走向外廊时，偏离的身体与视线方向再一次在同一轴向上重合，这时，走进外部自然的暗示再次被加强；而站在内廊阶梯的转角处时，视线投放在外部自然空间，其景色都在门洞之内；身体朝着外部空间的方向走去，站在外廊时，身体被盎然的绿意与广阔的蔚蓝包围，即进入了外部自然的房间。

对谈凯州婚礼堂建筑师戚山山

CBC 建筑中心：请您谈谈对凯州的印象，以及您认为在凯州新城的发展需要应对哪些挑战？

戚山山：想起凯州，先想到的是人民渠。在凯州的城市文脉中，都江堰水利工程遗址是比较耀眼的存在，新城的区块也是沿着它展开。我们所需要的设计也是像这样：借助自然的力量，为人民带来更好的生活。

凯州在成都的边缘地带，如何与中心地区建立对话关系非常重要。凯州新城在上一发展阶段着重关注产业，欠缺了文化氛围的建立、场域的理解。新城如何成为地区人们活动的中心，承载人民的文化活动的中心，也就是现阶段最大的挑战。

CBC 建筑中心：如何看待策划统筹、运营前置的项目思路，这些为您的工作和设计带来哪些思考？

戚山山：策划统筹相当于把不同专业领域、合作单位对整个新城建设的角度和策略综合到一起，放在同一平台考量。这样使我们在设计工作中得到更广的视野，能够从更多角度去挖掘场地要素和设计手法。运营前置相当于在策划的前期将关注点从整个场地规划拉近到小尺度的空间事件和活动中，这时人的存在就变得举足轻重，从人的尺度上的考量也被重视起来，设计的维度也从原本的大尺度转变为多尺度。

CBC 建筑中心：请您谈谈此次方案的设计理念，并分享对于该设计在项目中的定位的理解。

戚山山：我们设计理念的出发点，来源于三个关键词：音乐山谷（场地总主题）、婚礼堂（场地叙事主题）和 2.5 维建筑观（我们一直在探索的建筑语言）。

音乐山谷：其实音乐和我们的建筑叙事结构有很大的相似性。在乐章的五线谱上，时间是线性流动的，当不一样节拍的乐谱沿着不同轴线交织在一起时，时间也从平面上展开。音符记录着时间和叙事，就如同建筑中的元素构成的平面关系、形成了空间的布局。

为了体现出这种音乐的结构性，我们的项目在这里提出了"时间回廊"的概念，旨在制造在体验上的相对时间。人对于绝对的时间有着不同的感知，连廊与空间交织，视线与路径叠加，构建出时空维度与叙述维度的双世界结构，创造出一种相对的体验，以及循环往复的记忆。

婚礼堂：对于婚礼的想象，它首先是神圣的和美好的，为了通过空间手法体现出这种神圣感和叙事感，我们采用了序列式的空间结构，引导人们在空间中穿梭漫游。场地位于整个湿地公园的最高点，其中一面较缓，正如位于卫城山丘上的帕提侬神庙，等待着游人们漫步至神圣的高地上回望整个区域的景色。在建筑层级，我们以雅典卫城的双轴线体系和自由平面为参考，塑造了具有叙事轴线和景观时空轴线的双轴线空间结构。

2.5 维建筑观：婚礼堂与婚礼酒店自北向南串联形成的是具有现象学特征的"叙事性"立面，具备如同中国山水画的绘画语言一样的视觉特征：抑扬顿挫、起伏绵延。此时，新郎新娘在回廊间穿梭，宾客在小径间漫步，让观看建筑成为了一种生动且带有共存性的体验。回廊路径的起落，其实就是对山水画中笔势的呼应，局部不断延续，细节不断刻画，引领游人向前。当视线停落在某一个墙面时，这个原本平直的墙体就开始在不同维度上发挥着张力和伸展，或延伸成一道斜梯，或形成一个坐榻，或浮现为一个小龛。建筑立面上的飞廊也是如此，它一直与墙面发生着接二连三的交互，有时轻轻露在建筑之外显得飘逸，有时相互纠缠，还有时好像与墙体发生过剧烈碰撞，在墙面留下了巨大的裂痕和开口。

CBC 建筑中心：作为项目的参与者，请您聊聊本次参与凯州凯州新城建筑集群设计的感受。

戚山山：设计时最深刻的感受是场地本身，音乐山谷的集群设计围绕着湿地公园，湿地公园的轴线上就是人民渠，所以整个集群有一个对历史的凝聚力。而刚好我们的婚礼堂在场地的高地上，从湿地公园到婚礼堂是向上的山势。婚礼堂的至高点恰恰能跟人民渠这个原有的至高点产生呼应。人民渠是历史的，而婚礼堂乃至整个集群筹划的是未来的空间活动。正因为场地将时间线延展开来，空间就变得经久不衰，里面的内容可以不断替换。

艺术家山谷聚落

凯州新城建筑集群设计 12 号地块

青山周平设计团队
B.L.U.E. 建筑设计事务所

项目名称：艺术家山谷聚落
设计者：青山周平、藤井洋子、曹宇、川岛雅矢、林岚
设计类别：公共文化类建筑
项目地点：四川省德阳市凯州新城
场地面积：0.524hm²
设计时间：2021 年 11 月 –2022 年 5 月

场地现状

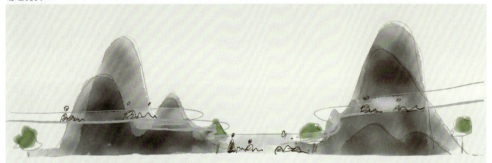

手绘图

凯州新城是一个新规划的城市，位于四川省德阳市，区域交通便利，自然条件优渥，人文底蕴丰厚。其距离成都市区仅 64km，在成都 1 小时经济圈内，且于成都"东进"战略纵深之上，是成德同城化发展的新节点。

2019 年为了推进成都德阳同城化的进程，在德阳原来的成德工业园区基础上建设凯州新城，成德工业园区由工业园区向复合产业新城转变。凯州新城地处成渝经济圈主轴线上，连接成绵遂资，是融入成渝城市群发展主轴的重要桥头堡，承担着打造成渝走廊新支点的重任。规划建设凯州新城是响应国家成渝双城经济圈发展新格局，以及四川省委省政府"一干多支"发展战略、推动成德同城化的重大举措。

本次项目位于凯州新城的启动区北至人民渠，西至省道 S210，南临成巴高速收费站，东接成巴高速，面积约 80hm²(即 0.80km²)。 示范区内人民渠跨越谷地的劲松渡槽，是示范段内跨度最大的渡槽。

作为启动区示范段与发展引擎，凯州新城中央音乐公园建设项目依托基地自然人文优势，以音乐主题、音乐产业为核心，引驻关联业态、丰富体验内容，构建新时代复合式文化产业集群，从而增强新城磁吸力，吸附人才和产业，逐渐形成城市高质量

鸟瞰图

效果图

发展的新动能，最终助力凯州新城成为新时代中国新城建设的典范。

　　凯州新城启动区示范段集群设计主要有 8 个地块（3 号、4 号、6 号、9 号、10 号、11 号、12 号、14 号地块），包含音乐文创、婚礼堂、茶室、艺术家驻留等功能。我们本次负责设计的地块为 12 号地块，位于凯州中央音乐园区西南角，总用地面积约 5240m²，南侧紧邻市政道路，西侧紧邻预留建设用地，北侧相邻 14 号地块（文化艺术产业园），东侧跨荷塘、草坪与 10 号、11 号地块（音乐产业园区）呼应为音乐山谷。

　　12 号地块为艺术家聚落空间，主要业态包含艺术家聚落工作生活及配套的书店咖啡厅、美术馆展览、服务等功能，总建筑面积为 3306m²，容积率为 0.63。场地依托

总平面图

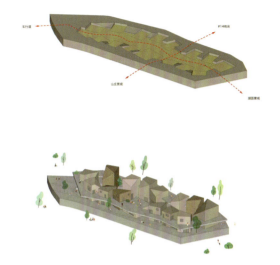

方案推敲

于人民渠景观及巴蜀特色的自然资源，吸引不同领域艺术家驻留创作，为艺术爱好者们创造内聚观展体验，同时提供与艺术家交流机会。团队以设计、文化、艺术的力量作为引导为新城赋能，通过艺术家驻留、展览、论坛等方式引入新鲜血液与在地有机结合激活凯州新城。

12 号地块位于园区西南角，南侧紧邻园区车行环道，东侧是园区景观统一规划设计的山丘景观步道，北侧面向园区中心的湖面景观和人民渠，西侧衔接 14 号地块（文化艺术产业园）。为了打造人流向内聚集的超级艺术街区，我们将东西方向和南北方向形成的两条道路贯穿 12 号地块，同时从平地上自然形成的凹陷地形，形成天然的聚集状态，人们通过四个不同的方向，相互聚集在这里，为场地带来活力。

艺术家聚落一共有 13 个建筑体块，分别包含艺术家居住工作室、书店咖啡厅、美术馆和服务功能。这 13 个体块沿着地形从地面生长出来，同时对每个体块进行部分的切角，调整体块的形状，形成和山谷一样的自然节奏。12 栋 100 ~ 200m^2 的独栋艺术家创作居住空间、对外开放的咖啡店书店与公共展厅环绕组合，形成了艺术家的山谷聚落。

效果图

因为艺术家聚落要满足艺术家居住创作和展示的需求，所以我们在建筑的中间置入一层平台，竖向区分了游客和艺术家的活动空间，形成二层的私密艺术家生活区域和一层的半公共区域。艺术家独栋建筑的一层空间通过高差划分为较高的办公创作区域与较低的和下沉 1m 的艺术街区等高的展示区域。展示区域均面向艺术街区打开，且可对外开放。当 12 栋艺术家独栋建筑的展示区域开启时，艺术家聚落中部下沉区域就形成了内聚的沉浸式的超级艺术街区。艺术家可以在自己的驻留空间对外展示作品，公众也能够更近距离观察艺术家的创作过程。

建筑下半部分是半公共的形式，包含艺术家的室内外创作空间、展示开放的空间。建筑上半部分是较为私密的空间，包括艺术家的生活居住空间和专属艺术家的公共露台。通过中间横向分割的平台区分了游客动线和艺术家的动线。

艺术家工作室的建筑体块一共有 4 种户型，每一栋为上下两层的独栋建筑。最小的面积户型为 160m²，最大的面积户型为 342m²。一层为艺术家的展示办公空间，面向艺术街区的部分为展示开放空间，可供艺术家举办临时个展或者作为接待宾客的多功能活动空间，通过台阶向上走 1m 后，是艺术家的室内工作室空间，艺术家可以在这里进行艺术创作，1m 的高差既提供了一定的隐私性，同时又具有一定的开放性质，可以让艺术街区的游客看到艺术家创作的场景。

二层空间为艺术家的居住空间，分别包含开放式厨房、客餐厅、卧室卫生间套间和室外休息平台。艺术家从一层上来之后首先到的是客餐厅和开放式厨房的空间，穿过客厅可以来到每栋独立的私人室外休息平台，私人平台连接着贯穿二层的艺术家公共露台，公共露台和私人露台之间也用一些软性的处理方式，例如植物和座椅等形式

平面布局

一层平面图

二层平面图

进行区分，平衡私人露台的隐私和开放的关系。

美术馆为14个建筑体块中唯一的一层建筑，美术馆的顶部则作为艺术家公共露台的公共活动空间。美术馆的建筑面积为196m²，可以举办一些小中型的艺术展览，内部空间包含前台、寄存和展示空间。前台和寄存的功能统一整合为一个空间中的体块的形式，像是在空间中置入的一个白色盒子。美术馆的轨道射灯沿着建筑的结构布置，强调了结构的空间美感，四周的墙壁保留原有浇筑时混凝土的质感。

书店和咖啡厅的部分位于靠近湖面景观最近的建筑体块，整体是对外开放的，一层主要为咖啡吧台和书店展示的功能，二层主要为咖啡厅和书店的座位区域。一层面向湖面的景观布置了外摆平台，穿过外摆平台也可以直接到达环湖的景观步道，使建筑和周边的联系更加紧密。

　　地块 12 号艺术家聚落强调"山谷氛围"与在地自然对话、融合、消隐。为艺术家提供居住私密性的同时，也为公众提供全新的内聚的超级艺术街区，推动艺术驻扎凯州，形成新的艺术标地。

效果图

室内效果图

对谈艺术家山谷聚落建筑师青山周平

CBC 建筑中心：请您谈谈对凯州的印象，以及您认为凯州新城的发展需要应对哪些挑战？

青山周平：首先凯州新城离成都非常近，大概开车一个多小时，现在成都的发展非常快，吸引了很多年轻的力量，在艺术、文化、消费等各方面都很有优势。

对凯州新城来说这是非常好的优势，但同时它离成都有一定的距离，自然环境的特点还是比较明显的。跟很多其他的新城不一样的是，它有人民渠这种文化、历史、人文方面的遗址。所以它跟其他的新城的差异化就是，它要利用地理位置、自然环境、人文历史这些遗产的优势。

在规划、景观、建筑的设计上，利用好凯州自身独特的资源，我觉得可以让凯州变成跟其他很多新城不一样的有自己的文化、独特点的一个新城。

CBC 建筑中心：请您谈谈此次方案的设计理念，并分享对于该设计在项目中的定位的理解。

青山周平：我们负责的是 12 号地块，跟其他的老师们做的项目不太一样的是我们要结合居住的功能，而且不是常住的功能，跟常规住宅和酒店都不一样的一种聚落。这是一种非常具有未来感的居住空间，为具有创造性的艺术家提供短暂的创造和生活的一个空间。对我来说，是第一次做的这样业态，在国内可能也还是很少见的一种业态。

所以我们思考的是怎样平衡生活、创作、展览的功能，这几种功能其实有时候是互相矛盾的。我们希望通过对空间的审视、设计的方式来平衡。我们采取了把整个生活空间抬高的方式，让整个二层以上是生活区域，一楼是创造和对外展示的空间。然后通过高差的方式来区分生活、创作、展览等功能，所以中间做了一个艺术家街区。艺术家把一楼的门窗都打开的话，他的创造区域也会变成面向整个的街区的开放空间，整个内街也变成了一个大型的展示空间。所以它会变成一个艺术家市集，或者艺术家展览街区的这样一个空间。

街区有两个公共空间，一个是美术馆，一个是书店，公共空间也是配合整个的展示的状态，让生活在聚落的艺术家有一种街区、社区的概念。整个二楼通过平台连接起来，有点像飘浮在空中的艺术家村落，因为它有高差，所以楼楼上的区域都有非常私密的感觉。我们之前在昆山的酒店和阿那亚的酒店，都用过类似的手法。这次凯州新城的艺术家聚落的项目，其实也是我的系列的延续，探索生活和共享的一种平衡，也是对新的生活模式的一种探索。

所以，我希望这个空间它是一个半私密，半公共的社区，比较有趣，又能做到平衡各种需求的一个空间。

CBC 建筑中心：如何看待大师工作营策划统筹、运营前置的项目思路，这些为您的工作和设计带来哪些思考？

青山周平：这几年我非常深的感受，就是运营的问题，我们之前也做了一些项目，有一些项目现在也是好好被使用的，有些项目是因为运营或者前面策划的原因，没有特别好的使用。

运营是非常重要的一个部分，CBC 建筑中心非常大的优点，是策划先行，然后带入规划景观建筑设计，最后衔接产业运营，这其实是一套的东西。另外一个特点把景观放在前面，也是跟我们平时做的项目很不一样的点。我们平时做的项目，先做建筑，然后景观的团队进来，根据建筑的需求，做一些配套的部分。把景观放在前面，我觉得其实是非常符合中国传统的一个做法，比如说像颐和园这种中国传统的空间，对空间环境的理解其实以景观为主，建筑是配合景观的关系。西方更多的是以建筑为主，景观来配建筑的方式。所以对我来说，凯州先有一个总体的环境和景观，建筑来配合在景观之中，是我觉得非常新的一个模式，有可能是超过，或者批判现在的模式的这样一种新模式。

CBC 建筑中心：作为项目的参与者，请您聊聊本次参与凯州新城建筑集群设计的经验和感受，这些经验对于国内的新城建设将会有怎样的启示？

青山周平：首先对我来说，这次凯州新城的集群设计是非常有意思的一个过程，因为参与的设计师很多样，比如说朱小地老师，孔宇航老师，相对来说是我们前一代的建筑师。也有年轻一代的建筑师参与进来，比如说我、张海翱老师、戚山山老师、王蔚老师，很多不同的背景、不同年代的建筑师在一个平台上一起创造，是非常有意思的一个过程。

这样的模式让整个项目具有了多样性，空间的多样性和体验的多样性，这些不同的经验、不同的专业性，在一个项目里互相碰撞，激发大家不同的创意。当然这个模式对管理者来说，要求会高一些，这个就离不开 CBC 建筑中心和凯州新城的政府的整体统筹，但我觉得通过这样的努力，会让凯州新城变成更有意思、更多样的一个空间。

山谷文化客厅

凯州新城建筑集群设计 14 号地块

北字面设计比版

项目名称：山谷文化客厅
设计者：孔宇航、辛善超、胡一可、刘健焜、吴蔚桐、师晓龙、李政、周歆悦、张师师、兰迪、唐泽玲、姜寒、陈慧雯
设计类别：文化商业类
项目地点：四川省德阳市凯州新城
场地面积：11974.21m²
总建筑面积：18369.78m²
设计时间：2021 年 11 月～2022 年 4 月

整体鸟瞰图

　　"乐之庭"位于凯州中央音乐公园的西南侧 14 号地块，占地面积 1.2ha，场地西高东低，东侧为园区景观湖，南侧紧邻艺术家聚落，西侧为预留建设用地，北侧相邻地块是建设中的商业水街，东侧与音乐厅隔湖相望。项目主要功能包括书店及阅读塔、唱片中心、市集活动空间、艺术空间及生活配套等内容，总建筑面积 1.89 万 m²。设计以"山谷中的文化客厅"为设计理念，聚焦于建筑与环境之间、传统与当代之间、空间与空间之间的联系，对三种关系的思索与追问贯穿该项目的设计过程。

建筑与环境的有机融合

　　作为滨水景观文化综合体，设计着眼于音乐山谷整体语境，通过院落、长廊串联建筑单元与生态景观，营造"建筑与环境互融"的组群空间。缘于整体音乐山谷城市设计强调建筑消隐于环境之中的建筑设计理念，基于场地周边环境、景观系统及基地高差分析，将建筑体量化整为零，通过单元组织以景观建筑理念将其有机嵌入场地环境之中。单元之间彼此串联，并非以封闭的姿态呈现，取而代之的是进一步向周围环

场地现状

总平面图

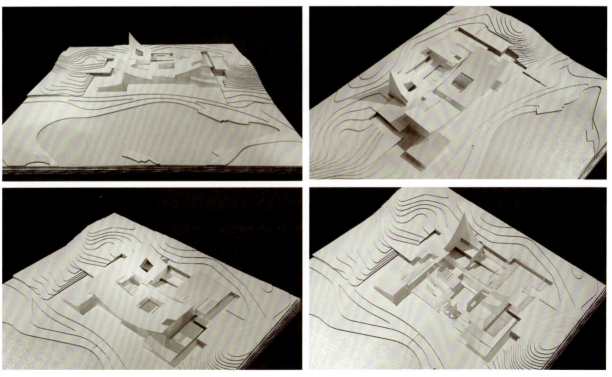

过程推敲模型

173

平面解析

境打开，使空间由外部延伸至建筑室内并直至屋顶。不同场地环境赋予建筑界面不同的表情，或面向景观湖泊通透开敞，或面向城市街道封闭内敛，或适应能量拥抱接纳，外在的界面系统与内在的空间结构里应外合，在互动过程中促使景观与建筑二者的互融，进而形成一种延续性与整体感。

在形体进一步推演过程中，建筑单元自东向西拾级而上，平衡场地东西两侧场地高差的同时，亦为建筑提供一个观赏视角。由东侧湖景步入内部庭院，穿入建筑内部再至西侧高处平台瞭望凯州新城，"自然"到"城市"的体验序列生成一条隐性的东西向轴线，影响着建筑内部的空间组织；由南侧艺术家聚落经树林景观，再穿过长廊与北侧商业水街相连，建筑组群景观环境再次以南北向轴线系统串联，整个组群空间的脉络、韵律和整体性得以统一，彼此之间有机联动。人们在建筑四个方向上不经意间进入建筑，此时的入口并非以标志性抑或礼仪性呈现，而是与环境融合的轻松与愉悦。

合院原型的转译与重构

彼得·埃森曼认为城市的文化建筑应该反映所在城市的文化、基地的历史以及重要的历史事件。如何避免国际式、同质化的形式语言，构建隶属于四川凯州当地的文化活动中心是本次设计重点之一。设计既与场地周边的人民渠进行内在关联，又以传统合院原型为切入点，通过对传统合院原型的当代转译与重构，探索建筑设计中传统与当代之间的传承与发展。

日景效果图

夜景效果图

合院作为一种原型，在历史发展中薪火相传，内含中国传统建筑文化基因，在当下各种不同类型建筑中被广泛应用。设计以传统内向性合院为基本原型参照，结合对四川当代"台院"的分析，通过立体化庭院对群体空间进行组织建构。在对原型转译与重构过程中，设计打破传统合院相对静态的形式系统，选取对角线的两点，对其中一点下压，另一点提升，生成相对动态的合院形式，承继传统合院的形式特点的同时，赋予其当代性；与此同时，基于不同曲率的屋顶，通过合院单元的组合设计，形成错落有致的屋顶系统，与山谷中的音乐厅、艺术家聚落等群体建筑形成有效联动，建筑与景观彼此依托，共同营造园区内丰富的天际线。建筑东侧界面设置檐下廊道系统，在降低屋檐厚度的同时，通过铝制格栅赋予一层轻薄的面纱，进一步强化屋顶的飘逸性与建筑整体的轻盈感，廊道在光的照射下光影错落纷繁，形成积极的场所空间。

建筑入口处设置约24m见方的主庭院，周围功能及界面设计围绕庭院进行组织设置。在东侧底层界面架空的同时，南侧与西侧内退的廊道协同北侧二层的廊道以及作为庭院点睛之笔的旋转楼梯共同对传统院落空间进行当代性的转译与表达。在主体功能内部，或设置小型内庭院，或设置边庭赋予空间良好的采光性与积极的场所感。阅读塔作为整个建筑甚至园区的"灯塔"，延续对传统合院的转译与重构的处理方式，置于其中的空中庭院，倾斜的屋顶可为人们提供欣赏整体山谷园区的视角。虚化的拱形界面系统一是突显庭院的静谧性，二是与远处的人民渠形成一种呼应与对话。由于功能设置的需要，部分室内大空间无法以庭院进行组织，设计结合不同尺度的天窗设置以暗示其与合院原型的内在关联，通过光影变化进一步雕琢内部的空间。

空间作为开放的文本

在该项目中，运营团队前期即介入设计过程，与设计方共同策划空间的布局与使用。运营团队弱化了任务书的固定属性，提出以阅读为底色，以书店、艺术展览、唱片中心等功能为主体，以亲子活动、市集、工坊为点缀，以阅读塔为标志，满足多元互动的功能需求。在空间操作中，结合单元形体布局的设定，基于功能面积及其对层高空间的要求，对功能空间体积类型进行分类，对具体功能给予分区建议，满足运营过程中活动安排的不确定性，进而赋予空间的多义性特征；在平面布局中，尽量取消对于空间的具体划分，将大空间进行有机串联，整体上绘制一个开放的文本。以阅读塔为例，阅读塔作为整体设计的灵魂需赋予其殿堂般的精神属性，其内部空间层叠错落，结合墙体以及屋顶开窗设置营造动态的光影空间。阅读塔底层以大空间为主，周围以廊道、平台等空间围绕其进行圈层化设置，在下面既能体会空间向上的延展性，同时

阅读塔效果图

其亦可转变为一个类似于演艺厅的场所空间，在书籍阅读的背景下，人们在不同高度观赏场地内开展的活动，而此时场所氛围在空间属性与开展活动的碰撞与冲突下应运而生。正如罗兰·巴特对《写作的零度》中的理论进行解释，建筑不应是替内容预定秩序的盒子，而应是被内容决定、随内容而变化的"场"，或随着读者思想的飘移而临时呈现不同内容和意义的开放文本。

设计将路径作为一条隐形的线索游弋于内部空间之间。通过对廊道尺度、界面处理，使空间之间形成趣味性过渡，空间在开放与收缩过程中体会其节奏性与韵律感。设计将不同功能通过连续性路径进行串联，而路径并非单向性的，主环路径与象限内分路径系统交织于一起，为人们到达不同功能区域提供多重选择。路径的有机设置伴随着视景的转换呈现，人们在行进过程中，对开敞与闭合、明亮与黑暗的视觉节奏的感知是建筑空间精彩呈现的核心所在。在路径设计的基础上，对多个不同视点的空间呈现予以推敲。不同视景状态的转换，或停留观赏或匆匆一瞥，二者均能给予人们以回味与思索。视景引导人们去体验空间，视景转换增添游览者的探索欲，发现隐藏于空间中的妙趣横生。

结语

"乐之庭"设计以建筑与环境、传统与当代、空间与路径为线索，是对当代建筑设

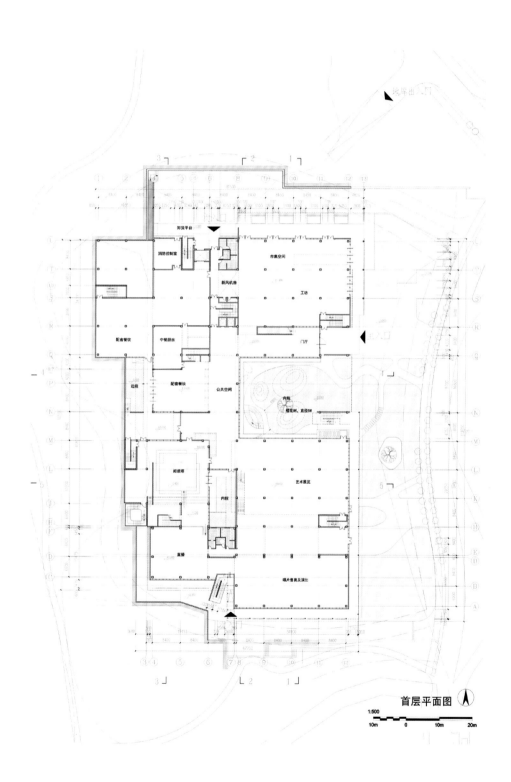

首层平面图

1:500

10m 0 10m 20m

阅读塔大厅效果图

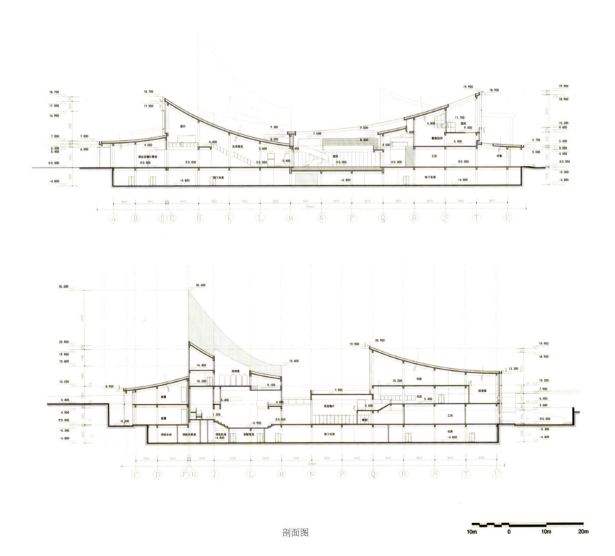

剖面图

计可能性与复杂性的探索：首先强调建筑由外而内，又由内而外，二者共同决定建筑的生成逻辑；其次聚焦于传统合院原型的转译与重构，使其既承继传统基因，又具有时代内涵，同时满足当代的运营与使用要求；最后则指向空间与空间之间的有机联动，具体分解为对空间结构、路径、视景的设计思考。设计努力发掘影响建筑设计的本质要素，不囿于将建筑分解进而形成片段式的简化处理，而将场地环境、传统文化、空间逻辑、路径组织进行综合思考，并使其不脱离功能与使用而独立存在，亦不漠视当代人类的行为规律，以期在操作生成过程中对新城设计形成启示意义。

入口门厅效果图

中央庭院效果图

对谈山谷文化客厅建筑师孔宇航

CBC 建筑中心：请您谈谈对凯州的印象，以及您认为凯州新城的发展需要应对哪些挑战？

孔宇航： 凯州是一个靠近成都且具有中国特色的卫星城。城中的人民渠在 20 世纪 50 年代就成为了象征性的构筑物，场地本身也具有良好的自然环境。我们在这个设计里面重点思考了它跟成都以及既有城市的内在联系。注重设计、策划、未来使用方的同期进行。

做为一个集群设计，各个团队建筑师的思路是不一样的，但是又要在同一个地块形成内在的关联。将来怎样形成一个既丰富又统一的建筑形式，这对我们来讲是一个挑战。

CBC 建筑中心：建设新城最基本的要素和条件有哪些？基于调研和理解，您认为凯州的优势有哪些？

孔宇航： 项目地是新城里面的一个片区。它处于山地环境，当中又有一片水，所以这也启发我们去思考建筑设计的特色。这个特色一方面需要满足未来政府、策划运营团队期待的一种运营方式；另一方面，更关键的是这个建筑的设计要反映在当代语境下如何进行文化传承。我们不希望它是传统模式的一种复制，而是在这种新型的运作模式下，使建筑呈现一种时代性、当代性的特征，同时内含中国传统文化的基因。

CBC 建筑中心：如何看待大师工作营策划统筹、运营前置的项目思路，这些为您的工作和设计带来哪些思考？

孔宇航： 这次的方式确实是一个很好的模式，它使得建筑师群体可以在一起进行集群设计，而且是由在全国有很丰富的建筑研究、实践的资深建筑师来组建这样一个集群。我们跟青山周平、王蔚老师、朱小地总建筑师之间的研讨，也会影响和促进彼此项目设计理念的升华。这种方式是一个非常系统的科学方法：一方面可以对很多未来不可协调的事情事先协调；另外一方面，也使我们这个设计在某种意义上在同步进行、同步提升、同步升华。

CBC 建筑中心：请您谈谈此次方案的设计理念，并分享对于该设计在项目中的定位的理解。

孔宇航：这次的设计是天津大学第 11 号工作室团队共同努力的成果，进行了多轮的方案修改与模型推敲。在整体设计策略上充分考虑新城的特征和未来的运行状态。它既不是书店也不是图书馆，也不是简单的市集或者网红打卡地。所以对我们来讲，非常具有挑战性，因为它集成了各种功能需求。这些需求使我们在创作时逐步地走向成熟。

设计上，我们思考了中国传统智慧怎样在当代语境中得到充分的继承和发扬。中国传统建筑考虑台基、墙身跟屋顶，我们充分考虑建筑的延展性跟屋顶的起翘，运用了中国传统经典的合院的形式。在主入口的部分设置了一个非常庞大的内庭院，使得里面的庭院跟功能进行有效的结合。

阅读塔是我们设计的高潮，也是这个建筑的灵魂。这个阅读塔大概 1000 多平方米，所以我们在三层上面做了一个立体空中的庭院。庭院跟底下的一层对外开放的庭院形成一个呼应关系。因为它进深比较深，然后长度也比较长，所以我们里面还有各种不同小的庭院或者小的天井，使得建筑的内部体现对自然的诉求。同时我们结合山地特征，对地形有效地去考虑。整体而言，它集合了展览、书集、亲子、唱片等的综合性功能，这里面无论是入口、路径还是合院的组织、功能的流线，我们都花了非常多的时间去进行精心推敲，并配合了跟未来运营方的讨论。

这次的设计也是一种新的体验，CBC 建筑中心的彭总、柳院长他们做了相当多的协调工作。使得我们建筑设计每一步都跟其他建筑师同步进行。整体上来讲，无论是我们设计本身的思考、跟建筑师群体的合作，还是跟运营团队的彼此协调，以及跟政府的汇报讨论，都要高出我们以前的设计。

CBC 建筑中心：作为项目的参与者，请您聊聊本次参与凯州新城建筑集群设计的感受。

孔宇航：整个片区的组群设计、景观、规划以及未来运营团队的组织，是站在一个相对高位的系统上统筹的，我期待它将来是一个成功的建筑组群。一方面，在建筑意义上它反映我们建筑师在这个时代针对这样一个特殊的场地、自然环境具有创新性的设计。同时，它也代表在当代城市更新与自然生态环境的有机结合。我希望它作为一个典范，在未来真正建成之后能够产生社会的轰动效应，吸引很多游客到这里进行周末度假，或者是周边的社区到这参加活动。

相遇茶社

凯州新城建筑集群设计 4 号地块

王蔚设计团队
四面田工作室

项目名称：相遇茶社
设　计　者：王蔚，李翔，黄思颖，黄维灿，黄驰，朱明
设计类别：文化商业类
项目地点：四川省德阳市凯州新城
场地面积：1906.67m²
建筑面积：989.15m²
设计时间：2021 年 10 月 −2022 年 6 月

中心公园方向透视图

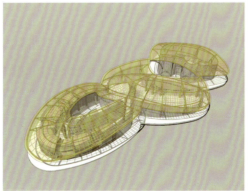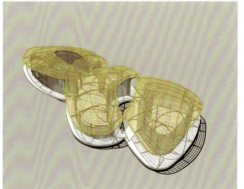

结构鸟瞰图

园区方向鸟瞰图

凯州相遇茶社位于音乐山谷的西北，它向北眺望劲松渡槽，向东向南对望渡槽博物馆、山谷剧场、音乐家驻地等。

相遇茶社的设计，通过建筑、空间、结构、声音与致敬的语言表达，体现了乡土与现代、隐逸与存在、有声与无声、致敬与对话四个对立又紧密的文学主题。

构思

相遇茶社的建筑形态取喻于水，欲表达水纳万物之意。

形态构思来自四川传统的冲茶方式和盖碗的独特结合，长嘴壶在盖碗中所形成的飘逸而有力的水流漩涡，是相遇茶社的建筑尤其是屋顶形态的构思来源。

如同水流在力量的推动下相互纠缠绞绕所形成的屋顶形态，经过基地和空间限定的切割之后，留下了与下部饮茶空间相对应的非线性屋顶形式。

饮茶空间本身就是一处相遇的场所，新老朋友都会在此相遇，这是一个关于相遇的空间、对话的空间、吸纳和留住的空间。

"几枝新叶萧萧竹，一杯香茗坐其间。"相遇茶社由轻钢和原竹所构成的空间，形成了无竹不茶，茶与竹相结合的传统的对于茶的冥想之处。

总平面图

建筑

相遇茶社的建筑由三个部分组成，分别在场地的北端、中端和南端形成了不规则的三处空间。这三处空间的功能，分别由室内外连通的就餐区域和室外茶社、中部的大茶间和南部的茶室包间所组成。

作为音乐山谷里最小的一处所在，茶社以一种低调的方式向其他的大师作品致敬。

首先是通过连续的玻璃立面将远处的渡槽纳入其中，并将音乐山谷的大部分建筑都成为茶室空间的框景。

处于浅山顶脚下的茶社，选择水波浪似的屋面形式，形成身后山顶上的白色婚礼堂的一种承载状态，人间美好的情谊如流水般长久。

同时，丰富的屋顶交错形式与山谷起伏的场地空间形成一种呼应，这是一处遥望着音乐之地，却又可以逃离之外的相遇茶社。

茶社的建筑还以一种宽屋檐、不规则曲面等语言向一种经典的现代茶社形式致敬。

茶社的空间如同流水，即使是在被包裹得紧紧的包间区域，空气也通过各种缝隙在室内外之间穿插流动，更不用说在中部的大茶间，空气在内外和上下屋顶的缝隙之间流动。

在北侧的餐厅区域，通过地形的设置，建筑从地面一层过渡到往下的一层，而下面的这一层空间又跟室外的场地直接相连，甚至连高差都不会被人注意到，这样一种南北流通、上下流动的空间，使茶社与整个基地完全地融合起来。

空间

建筑在三个相连又独立的屋顶下面形成了高、中、低不同尺度的空间，并在北边留下了一处可以遥望渡槽以及在南侧的一处完全内向的内部庭院。

建筑下部的处理，以连续的玻璃面削减了建筑的体量，只留下漂浮的水流般的屋顶，在贴近于地面的高度，让建筑隐隐地存在。

这样一种低调的纯净的氛围，造就了茶社的调性。

结构

建筑的结构是轻钢与竹的结合，这是一种非常乡土的材料与现代工业的结合，托起了水流般的屋顶。同时，屋顶的结构与下面所包裹的空间是一种真实的对应关系。

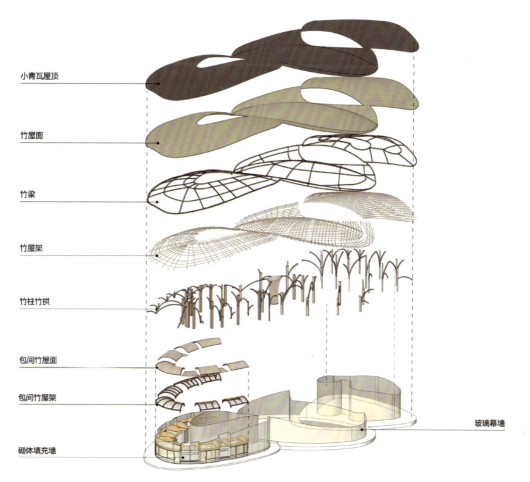

小青瓦屋顶

竹屋面

竹梁

竹屋架

竹柱竹拱

包间竹屋面

包间竹屋架

玻璃幕墙

砌体填充墙

结构分层图

北小院内院透视图

大茶间室内透视图

餐厅包间-室内材料　　　　　　　墙面-灰白色抹灰　　　　　　地面-灰调木地板　　　　　　墙面-原竹

餐厅包间效果图

餐厅包间-室内材料　　　　　　　墙面-灰白色抹灰　　　　　　地面-灰调木地板　　　　　　墙面-原竹

餐厅包间效果图

存在

　　建筑以连续的玻璃外立面使静静饮茶的人群能够随时感受到远处的山谷和音乐的人群；尤其在不同的缝空间，设置了望向渡槽、博物馆、山谷剧场等不同建筑的视角，这就是一处为了能在得闲时向外遥望、低头却能凝视茶盏中漂悬的香茶而设置的忘却时空的存在。

致敬

　　相遇茶社是一个容器，它藏住了面对不同方向的致敬！

　　一是向场地的致敬，二是向周围大师作品的致敬，三是向经典饮茶空间的致敬，四是向所有来者的致敬，建筑以这样一种致敬的姿态，以建造的语言向思想的共鸣者对话。

　　设计中对于不同形式饮茶空间的设置，众乐乐与独乐乐共融的状态，也向饮茶这一项古老而又新鲜的相处方式致敬。

声音

　　相遇茶社是一处无声的空间，但却可以留住所有关于音乐的思绪，或者消散于这漩涡的茶盏中。在这里，音乐在心里，而不是在耳朵里，流淌。

对谈相遇茶社建筑师王蔚

CBC 建筑中心：请您谈谈对凯州的印象，以及您认为凯州新城的发展需要应对哪些挑战？

王蔚：凯州在我的印象中是一处亟待挖掘的，位于成都北边的一块宝地；实际上这块宝地曾经在上世纪八九十年代熠熠发光过，只是这么多年来它在主城市的发展中渐被淹没；当下，借助成都经济界域向东向南扩大，以及成渝经济带的联动，凯州新城的发展要随之发挥好自我角色的作用。同时，仍然是要做好远近期规划，面对地域和文化吸引力上的弱势，挖掘新的热点。内功做的越好，对于整个区域经济带发展的贡献也就越大，自身的前景也就越光明。

CBC 建筑中心：建设新城最基本的要素和条件有哪些？ 基于调研和理解，您认为凯州的优势有哪些？

王蔚：建设新城确实需要非常多的基本条件和要素，但是我认为这里边最重要的也是凯州目前拥有的优势，就是人的因素。这个"人"的因素，一方面是当地建设凯州新城的管理和建设团队，我看到的这个团队是非常团结且富有希望的，有整体思路、行动力和很高的效率；另外一方面，中央音乐公园算是一个启动的契机，通过它引进了一些外来的人才，希望将这种内外结合的优势互补的机制能够继续在新城的建设中发展得以坚持。

CBC 建筑中心：如何看待大师工作营策划统筹、运营前置的项目思路，这些为您的工作和设计带来哪些思考？

王蔚：这样的工作方式是很多建筑师都希望能看到和参与的，但是做到这一点很不容易，它是一个系统工程，必须让各个团队在一个统一的大思路下共同工作，才能保证每一个项目的落地是有效率的。无论是在空间还是后期运营上，设计结合使用者的要求使得每一个空间在后期都能发挥最大的效益，对建筑师来讲，也要求功能更加与运营结合，空间设计更加清晰其所服务的人群定位，更能够与建筑师的构思形成有效的结合。

CBC 建筑中心：请您谈谈此次方案的设计理念，并分享对于该设计在项目中的定位的理解。

王蔚：由我和所带队的四面田工作室团队设计的"相遇茶社"，可能是本次集群设计中六位建筑师参与的音乐山谷项目里最小的一个，它的功能跟音乐本身实际上并不直接挂钩，但它最有趣的也正是这一点，它独立于所有建筑或者音乐专业功能之外，但是又跟所有人、所有空间发生关系；茶社是音乐山谷里的一个公共客厅，而这个客厅以"茶"为主题。

在成都乃至整个四川，茶文化都是非常发达的；成都历史上曾经是拥有最多茶馆的城市，茶生活就是日常生活的一部分。凯州相遇茶社，有趣的点就在于它既不是城市里面的茶空间，也不是野外的茶空间，也不完全是一个乡村的茶空间，而是一处有专业主题氛围背景的城郊的茶空间。在这种情形下，我们一直在寻找一种"此处"的"茶意味"以及此处的空间语言。既是新城，又逃离着城市，同时为山谷的音乐家、大师老师们以及来这里参观玩耍的人们提供一个相聚之处，所以对于空间的探索和推敲是我们在这个项目中做的最多的工作。

"漂浮山谷"是相遇茶社的形式设计主题，在低调的山谷角落里有一片悬浮的山谷（屋顶），背靠小山，茶社屋顶下是一处安静而视野开阔的饮茶地，可以远望人民渠渡槽，也可以 270 度视角远看和欣赏来路——山谷里大师们设计的音乐空间，脱离声音又想象着声音，这是一种很好的体验。

CBC 建筑中心：作为项目的参与者，请您聊聊本次参与凯州新城建筑集群设计的感受。

王蔚：这次参加凯州音乐公园集群设计，首先要感谢 CBC 建筑中心的邀请，同时也要感谢凯州新城管委会和参与建设的各单位。这是一次非常有趣的过程，也是梳理我们的建筑空间和场地空间，以及和其他建筑之间相互关系的过程；在这个过程中，我们给自己设置了不少小题目去面对这些挑战；接下来也会为项目的落地品质继续努力，也非常感谢参与集群设计的各位建筑大师老师们，有朱小地老师和孔宇航老师带领的高效而富有研究精神的团队，以及其他三位青年建筑师青山周平、戚山山、张海翔老师的作品，都给团队提供了非常宝贵的学习机会，非常感谢！

前期调研及踏勘

集群设计方案推进

集群设计成果交流

第四章

CHAPTER 4

国际青年
设计师竞赛

INTERNATIONAL YOUNG
DESIGNER COMPETITION

凯州新城国际青年设计师竞赛概况

竞赛背景

当下，城市竞争力的提升很大程度上依赖于其公共空间的创造与再生，公共空间已不再被简单且功能主义的连接性理念制约，而是演变成为多维度、跨学科、能够反映城市生活的体验场域。在此背景下，"凯州新城国际青年设计师竞赛"以生态环境为核心，以生活品质为切入点，在全球范围内发起一场关乎城市公共空间核心价值的讨论。

竞赛选取了兼具地域特色和发展潜能的四川省德阳凯州新城的实际环境作为基地，面向国内外规划、建筑、景观、艺术设计等方向的青年设计师、艺术家、在校师生以及跨专业、跨学科从业者（均要求 40 周岁以下），征集有创意的城市空间设计方案及其后期运营理念方案。竞赛鼓励参赛者在设计范围内自主选点、自发研究，题目与功能自定，但需呼应基地现状，并对后续可实施性进行合理化考虑。

基地概况

凯州新城地处四川省德阳市东部，范围涵盖了辑庆、兴隆等两个乡镇，行政面积为 200km^2。其中起步区为 5.97km^2，2035 年预计规划建设用地 49km^2。新城离成都市区 64km，在成都三绕范围以内，可经由金简黄、金简仁两条快速路于 1 小时内到达天府国际机场。在地理环境层面上，凯州新城完全置于"大成都"概念序列中，具备了与成都协调发展的硬件基础，被定义为德阳融入成渝城市群发展主轴的桥头堡。

凯州新城中央公园场地占地约 3200 亩，场地整体地势平坦，局部有小丘陵，西侧约 3km 距离处有双河口水库。人民渠由西向东从场地内横跨而过，自然环境优美，形成了独特的风景地貌。

人民渠自 1953 年开始修建，共七期工程，历时 20 余年完成，是一项蓄、引、提水利大型项目。该工程引岷江水通过都江堰灌溉成都平原北麓丘陵地带，解决了当地农田十年九旱的问题，提高了覆盖范围内地区的粮食产量，使成都平原国家战略储备粮基地面积扩大了一倍。中央公园内的人民渠区段隶属人民渠第七期建设工程，至今仍然发挥着灌溉农田的水利作用，是基地内重要的工程设施，同时也是公园内景观不可或缺的标志性组成部分。

设计范围

基地一：人民渠

中央公园内人民渠沿线的公共空间设计与提升，全长 6km，含渡槽、水渠等水利

设施，图中蓝线为水渠，黄点为渡槽。

基地二：中央公园

中央公园内预留建设地块的空间设计与提升，图中黄线内为预留建设地块。

题目解析

"凯州新城国际青年设计师竞赛"是一次关于公共空间品质的探索，也是一场寻找原创力与艺术创造力的征途。竞赛以中央公园为载体，以其中的预留建设地块与人民渠沿线空间为设计区域，为凯州新城创造了从生态角度重新思考并展望城市未来的良好契机。

竞赛不针对凯州新城的整体布局和宏观策略，而是直接从具体场地入手，进行微观层面的研究与小尺度介入。作品需要同时强调对设计角度和社会角度的回应，设计城市修补功能、健康运动设施、智慧城市家具、公共艺术小品、城市照明与标识系统等方面的、能够激发城市活力的建（构）筑物，并提出后期运营的理念方案，为日常生活的丰富与生动提供新的视角、新的舞台和新的焦点，最终达到城市宜居宜游、自然和谐的目的。

设计类型

竞赛立足于生态与生活品质，鼓励创新，可在设计范围内自行选点，主题自拟，功能不局限于：

（1）城市修补功能类（中央公园内集市、公厕、智能人行道、停车场、小吃补给站、电瓶车停靠站等）；

（2）智慧城市家具类（数字信息亭、邮箱报刊亭、云柜、快递亭、智慧公交站、智能充电站、智能垃圾箱等）；

（3）健康体育设施类（康养健身设施、儿童游乐设施等）；

（4）公共艺术小品类（景观雕塑、文化小品、亭台廊架、花台山石、灯柱、街钟、座椅、垃圾箱等）；

（5）小型单体建筑（中央公园内瞭望塔、游客中心、茶室、咖啡厅、休憩亭、餐厅、画廊等）。

国际青年设计师竞赛的重要事件时间轴

2020
2月—4月

1. 前期筹备工作

2. 竞赛发布

4月—8月

3. 持续宣传与招募

4. 现场踏勘

5. 线上云直播

8月—11月

6. 竞赛评审

7. 成果展览

竞赛评委

业界知名专家学者

朱小地（ZHU XIAODI）
朱小地工作室创始人、主持
建筑师

享受国务院政府特殊津贴专家，住建部科技委建筑设计专业委员会副主任委员，住建部节能绿建专业委员会委员，中国美术家协会建筑艺术委员会副主任，清华大学双聘教授。代表作有：又见五台山剧场、又见敦煌剧场、北京城市副中心行政办公启动区总体规划及南区建筑设计、五棵松冰上运动中心、秀吧等。

胡 越（HU YUE）
全国工程勘察设计大师，
北京市建筑设计研究院有
限公司总建筑师，
胡越工作室总建筑师

荣誉及获奖业绩：中国建筑学会建筑创作大奖、全国优秀工程设计金奖、詹天佑土木工程设计金奖、全国优秀工程设计金奖、中国设计业十大杰出青年、WA中国建筑奖优秀奖。

彭礼孝（PENG LIXIAO）
都市更新（北京）控股集
团董事长，CBC建筑中心
主任，天津大学建筑学院
特聘教授

城市更新领域的策划专家及城市更新项目全过程操盘专家，担任济南新旧动能转换区总策划师、凯州新城中央公园总策划师、陕西榆林古城更新总策划师、江西永新古城总策划师等。他所创建的都市更新（北京）控股集团是中国城市更新领域全过程操盘专业机构，为地方政府提供城市更新的一揽子解决方案，担任多个地方政府的城市发展顾问。

李保峰（LI BAOFENG)
华中科技大学建筑与城市
规划学院教授

1988 年、2000—2001 年德国慕尼黑工业大学访问学者。武汉华中科大建筑规划设计研究院有限公司董事长，《新建筑》杂志社社长，《建筑师》杂志社编委，中国建筑学会理事。

朱玲（ZHU LING）
天津大学建筑学院英才教
授、博士生导师，天大设
计总院总景观师

辽宁省"百千万人才工程"百人层次专家，辽宁省高等学校优秀青年骨干教师，《城市环境设计》杂志编委，全国高协组织教材研究与编写委员会委员，沈阳市浑南新区选民代表。

韩云峰（HAN YUNFENG）
中林候鸟旅游规划设计院有
限公司（北京）院长

主持设计建造宁夏沙湖、沙坡头等数个 5A 级景区，策划了著名的宁夏银川镇北堡西部影视城，2008 年开始主持设计云南西双版纳告庄西双景项目，促其获得商业运营上的极大成功。

凯州新城国际青年设计师竞赛获奖作品

　　凯州新城国际青年设计师竞赛共有来自全球 40 多个国家的 600 多组知名院校学生、青年设计师参与报名，最终甄选出一等奖 1 组、二等奖 3 组、三等奖 8 组、优秀奖 18 组。来自浪潮建筑事务所（美国）的作品《凯州新城 陀螺体育公园》获得一等奖。

KAIZHOU 凯州新城 NEW CITY

国际青年设计师竞赛
INTERNATIONAL YOUNG DESIGNER COMPETITION

编号 （No.）	作品名 （The Work's Name）	小组成员 （Group Member）	指导老师 （Adviser）	学校/单位 （School/Company）
一等奖First Prize（1组）				
1	凯州新城 陀螺体育公园	卫若宇、于皓臣	/	浪潮建筑事务所（美国）
二等奖Second Prize（3组）				
1	潺 谷	王雨田、周志鹏	/	哈佛大学设计研究生院（美国）
2	白昼·凝结·音乐厅——八大音乐厅凯州启航	骆肇阳	/	哈尔滨工业大学、麻省理工学院（美国）
3	渡槽纪念馆设计	姚曜	/	北京（一苇）建筑规划设计有限公司
三等奖Third Prize（8组）				
1	笼	孙艳冬	/	自由设计师
2	厕·园	周潼、黄帆	杨茂川	江南大学设计学院
3	星座系列智能城市小品	萨尔玛·卡塔斯	/	亚西尔·哈里尔建筑工作室（摩洛哥）
4	林间屋宇	石成、谢龙飞	/	方得其溯设计
5	洞天	魏云琪、杨文祺	/	加州大学伯克利分校（美国）
6	且听风吟——古树剧场	宋家庆	/	天津大学
7	掌间	王文涛	/	自由设计师
8	种	李赫然	/	方里建筑
优秀奖Honorable Mentions（18组）				
1	情绪充电盒——城市情绪关怀类公共空间设计	冉姗姗、李俊琳、王昱、李湘	李昕韵	四川农业大学
2	凯州新渠	王锡雄	/	自由设计师
3	虹影渡 —— 长虹渡槽公共空间改造设计	寇宗捷、江宗水、刘沛桐	/	青微舍建筑设计
4	穹窿公园	章阅	/	加泰罗尼亚高等建筑研究院（西班牙）
5	你像鸟飞向你的山	徐婧、刘刚、陈逸卓	/	上海零岺建筑设计事务所
6	清音竹馆	王跃渊、刘宝营、蒲簧涛、刘煜潇、张思瑶	刘文豹	中央美术学院
7	渠上U	陈纳、蓝春芳、郭斌	涂亚军	广州美术学院、广西艺术学院、吉林大学珠海学院
8	跨维度感知·无限画廊	王宇	/	哈尔滨工业大学
9	运动新"k"洲	董昭含、马晨晏、崔旭辉、陈浩楠	李莎	中国矿业大学
10	城市青和力	温雯、孟大旭、刘雅心、孙禄鹏、甘宇田	胡一可	天津大学、四川大学
11	亲子塔	李栩、李德安、李伟	/	林同棪国际工程咨询（中国）有限公司、 中铁二院重庆勘察设计研究院有限责任公司
12	取景	李紫熙	廖含文	北京工业大学
13	凯州足迹	那鲁博丁·菲奥拉、阿拉亚·达纳西塔姆、查那卡·朴恩萨特马卡、那查拉特·苏万旺、帕努蓬·桑卡姆	/	梅州大学（泰国）
14	田炊	钟楷富、刘诗情、卢燕	/	严迅奇建筑师事务所、卡达维特费尔德建筑事务所、 阿卡斯建筑设计咨询有限公司（中国香港）
15	看与被看——湖边游客中心设计	孙长辉	/	自由设计师
16	半屋·隐林	曾庆健	/	同济大学
17	眺望·无限浮廊	李秋实	/	上海市政工程设计研究总院(集团)有限公司
18	空山·涧	黎欣欣、王维伟、王辉	白胤	内蒙古科技大学

一 等奖

Kaizhou New City Spinning Top Sports Park

凯州新城 陀螺体育公园

小组成员：卫若宇、于皓臣
单位 / 学校：浪潮建筑事务所（美国）

ENTRANCE VIEW
入口效果图

城市

我们的设计拟定题目为体育公园，其选址于凯州新城中央公园西南端。它南侧面对城市，北侧背靠公园，是连接城市与自然的纽带。全新的景观、体育设施，以及市民服务站将为提升市民与外来游客的生活品质起到重要作用，并成为中央公园重要的地标及门户场所。

陀螺

我们的设计灵感来自对运动的痴迷。滑板公园的滑道曲面为滑板爱好者标记出了运动轨迹，曲面设计服务于运动功能，动线主导形式的逻辑，因此我们的设计是理性与充满意义的。这种逻辑影响了我们对于场地规划及建筑单体的设计。场地初步的规划试图传递"运动"与"张力"的概念，设想出了两个旋转的陀螺撞击在一起的意向，并将空间沿着此流线排布串联。核心的市民服务站与亲子营地空间形似两个碰撞在一起的陀螺，充满张力。南北侧的半圆形看台与南侧的半圆形公共设施则标记出了陀螺的运动轨迹。

功能

市民驱车来到此处，可将车停靠在场地东南角的停车场，并通过南侧 L 形入口进入服务站及亲子营地。主建筑物"陀螺"内部有亲子教室、大多功能厅、公园导览及市民活动等功能。服务站东侧为户外活动区，可以租赁举办活动。体育公园南侧半圆形空间为人行入口，同时设有公共卫生间、冷饮售卖、保卫室及公园办公室等空间。北侧半圆形体量为看台，景天植物交织种植其中。体育公园南区为大型滑板等极限运动场地，北区场地为篮球场及健身设施。

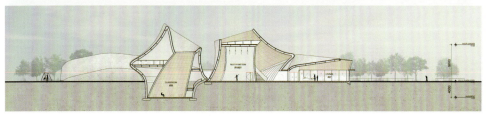

1	前厅	FOYER&LOUNGE
2	多功能厅	MULTI-FUNCTION
3	储藏及备餐	STORAGE&CATERING
4	教室	CLASSROOM
5	卫生间	WC
6	投影室	PROJECTOR ROOM
7	教师办公	TUTOR'S OFFICE
8	会议室	MEETING
9	篮球场和室外场	BASKETBALL COURT & OUTDOOR GYM
10	滑板区	SKATE FIELD
11	冷饮店	BEVERAGE STORE
12	市民服务	CIVIC SERVICE
13	储藏	STORAGE
14	公共卫生间	PULIC WC
15	保卫处	SECURITY
16	员工办公	STAFF OFFICE
17	停车场	PARKING

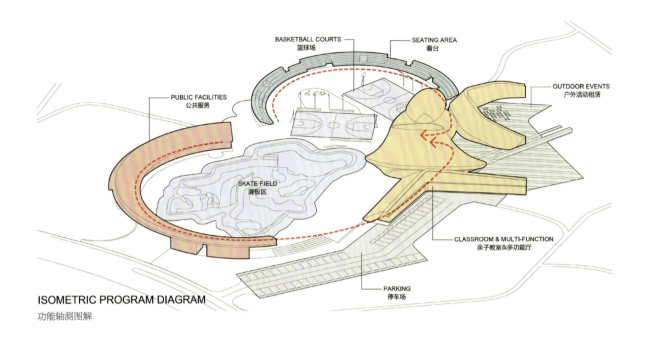

BASKETBALL COURTS
篮球场

SEATING AREA
看台

PUBLIC FACILITIES
公共服务

OUTDOOR EVENTS
户外活动租赁

SKATE FIELD
滑板区

CLASSROOM & MULTI-FUNCTION
亲子教室&多功能厅

PARKING
停车场

ISOMETRIC PROGRAM DIAGRAM
功能轴测图解

BIRD VIEW
鸟瞰图

评委点评

胡越　全国工程勘察设计大师、北京市建筑设计研究院有限公司总建筑师、胡越工作室总建筑师
作品以体育为主题，将室内和室外巧妙地结合在一起，为凯州新城的建设注入活力。陀螺的造型活泼新颖，能够引起人们对童年的回忆。

朱小地　朱小地工作室创始人、主持建筑师
该方案把户外体育活动作为主要的功能预设，将人们进行体育运动的心情和动势表达出来，有明确的空间性格。方案兼有室内空间设计，满足了公众使用需求，特异的造型也给室内空间营造了特殊的神秘效果。

二等奖

Stream Valley
潺 谷

小组成员：王雨田、周志鹏
单位 / 学校：哈佛大学设计研究生院（美国）

　　生根于川西林盘肌理的人民渠，既引水灌溉农田、养育一方水土，又是串联起凯州新城未来生态和当地场所记忆的文化纽带。本设计意图对人民渠 6km 长的水景观形态进行微观浓缩，并提取"渠""峰""谷""岛""潭"等空间意向，将它们凝结成环，创造一个以"水"为主题的人造胜景。在这个以"水"为载体的感官花园中，我们通过创造从动到静的多种水的形态——"飞瀑""水帘""浅池"——刻画了由水描绘出的不同声音，谱写了一曲赞美水的音乐篇章。伴随着一年四季从春夏到秋冬、一日从朝阳到日落，通过对水量大小、流速的控制，我们构想策划了多种围绕着以水为中心的活动场景：水之舞台音乐会、水上婚礼、水之灯光秀、儿童戏池等。除此之外，在水景两端分别安排了半室外咖啡厅、艺术展廊、水上雕塑，为人们提供艺术文化与休闲娱乐的体验。针对后疫情时代，设计引入一系列相对独立的"浮岛"作为公共座位的基本单元，以提供社交距离的保证。我们认为尽管空间的使用受到人数聚集限制的影响，但可以通过水创造的音乐性营造出宏大而立体的新型公共空间体验，治愈人们的心灵。我们相信，在不久的将来，本设计会成为人民渠的纪念碑与凯州城市公共空间的名片。

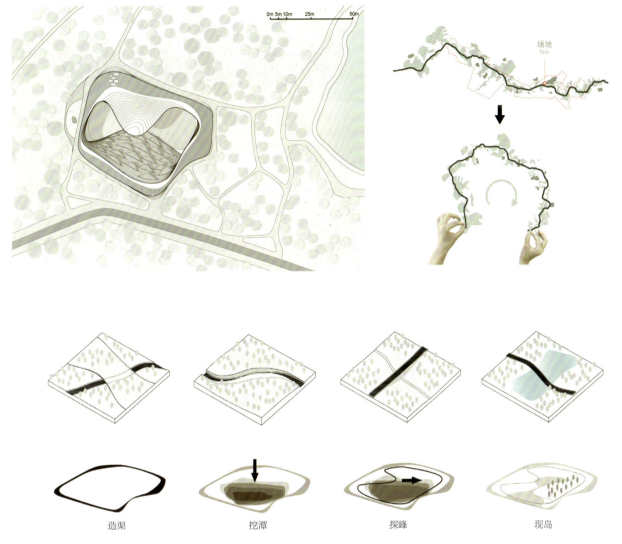

造渠 　　　　挖潭 　　　　探峰 　　　　现岛

形态生成

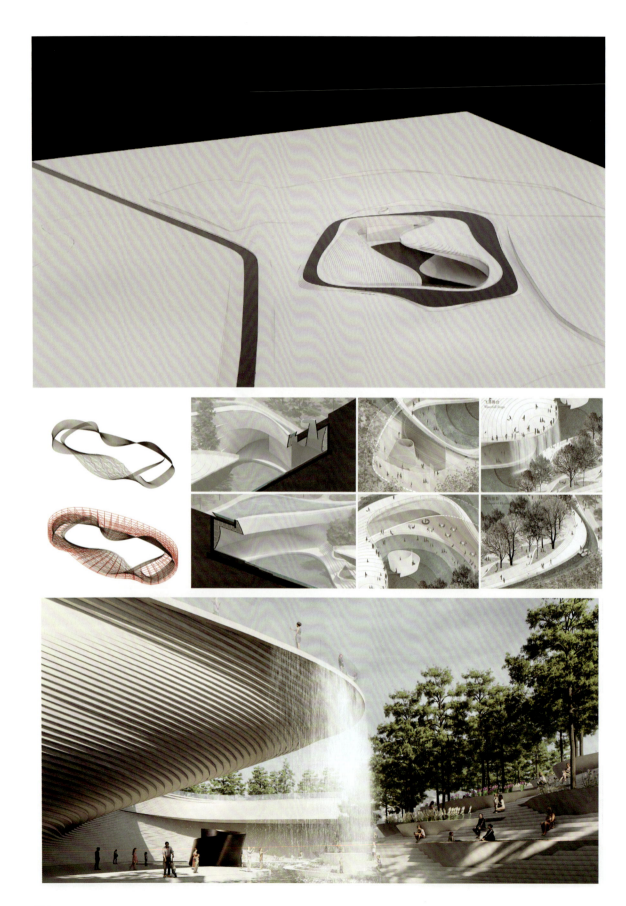

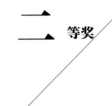

DAYLIGHT/ CONCRETE/ MUSIC HALL
—Eight Open Public Musical Vessels In KZ, Sichuan

白昼·凝结·音乐厅——八大音乐厅凯州启航

小组成员：骆肇阳

单位 / 学校：哈尔滨工业大学、麻省理工学院（美国）

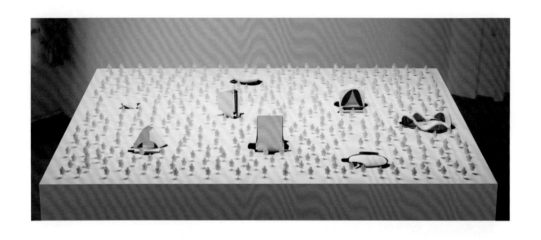

　　该区域为凯州新城中央公园的规划用地。本案为迎合地段的主题，提出开放式公共音乐厅的设计理念，旨在满足主题定位下，丰富该地区的场所音乐活动，为业余爱好者与市民提供一个免费地欣赏音乐的空间，将整个公园变为一个大型音乐厅。

　　在空间生成上，本案结合迪朗(JNL Durand) 式类型学，进行了严格的几何空间操作。以元素几何学作为基础，以图表方式将各种构造部件排列组合在一起，建筑的形式可将图表中的类型加以组合而获得一个整体，排除使用功能对形式的牵制及要求，从而促使光线与音质在空间中戏剧出现偶然的效果。在此理念下，八个不同的容器镶嵌在这片场域，她们与风、光、声音以及时间窃窃私语，在四季轮回中，透过音乐，不停诗意地叙述着一个个故事。

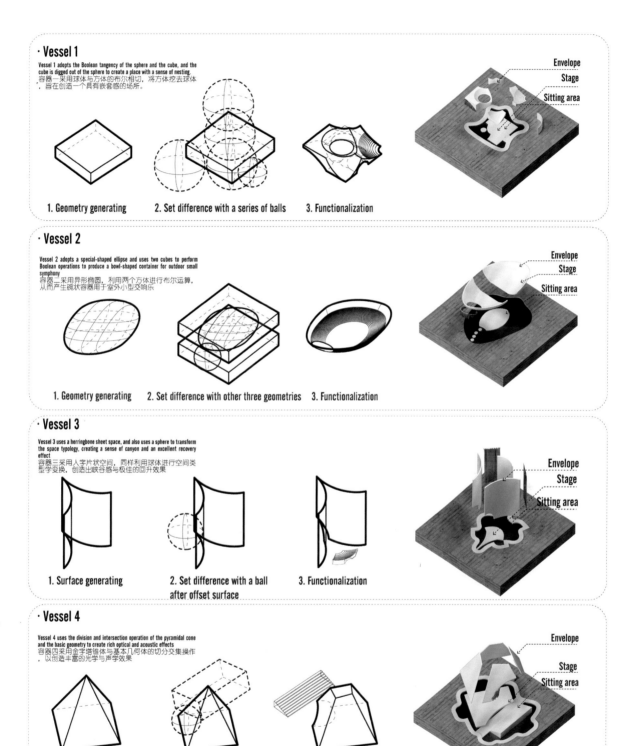

· Vessel 1

Vessel 1 adopts the Boolean tangency of the sphere and the cube, and the cube is digged out of the sphere to create a place with a sense of nesting.
容器一采用球体与方体的布尔相切，将方体挖去球体，旨在创造一个具有嵌套感的场所。

1. Geometry generating 2. Set difference with a series of balls 3. Functionalization

Envelope
Stage
Sitting area

· Vessel 2

Vessel 2 adopts a special-shaped ellipse and uses two cubes to perform Boolean operations to produce a bowl-shaped container for outdoor small symphony
容器二采用异形椭圆，利用两个方体进行布尔运算，从而产生碗状容器用于室外小型交响乐。

1. Geometry generating 2. Set difference with other three geometries 3. Functionalization

Envelope
Stage
Sitting area

· Vessel 3

Vessel 3 uses a herringbone sheet space, and also uses a sphere to transform the space typology, creating a sense of canyon and an excellent recovery effect
容器三采用人字片状空间，同样利用球体进行空间类型学变换，创造出峡谷感与极佳的回升效果

1. Surface generating 2. Set difference with a ball after offset surface 3. Functionalization

Envelope
Stage
Sitting area

· Vessel 4

Vessel 4 uses the division and intersection operation of the pyramidal cone and the basic geometry to create rich optical and acoustic effects
容器四采用金字塔锥体与基本几何体的切分交集操作，以创造丰富的光学与声学效果

1. Geometry generating 2. Set difference with another two geometry 3. Functionalization

Envelope
Stage
Sitting area

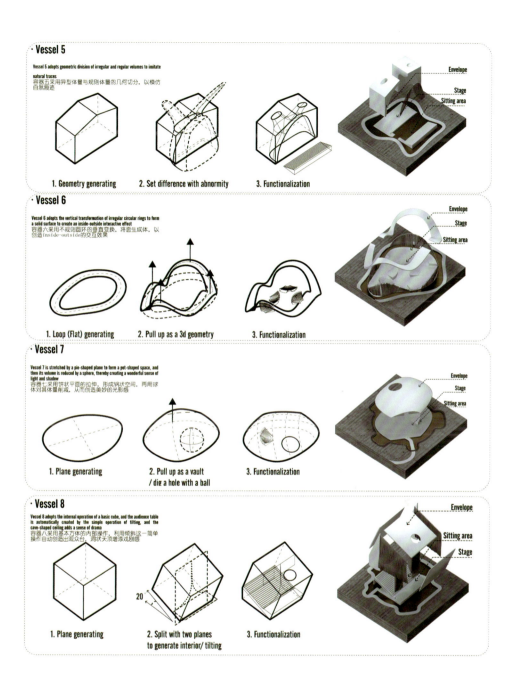

· Vessel 5

Vessel 5 adopts geometric division of irregular and regular volumes to imitate natural traces
容器五采用异型体量与规则体量的几何切分，以模仿自然痕迹

Envelope
Stage
Sitting area

1. Geometry generating　　2. Set difference with abnormity　　3. Functionalization

· Vessel 6

Vessel 6 adopts the vertical transformation of irregular circular rings to form a solid surface to create an inside-outside interactive effect
容器六采用不规则圆环的垂直变换，将面生成体，以创造inside-outside的交互效果

Envelope
Stage
Sitting area

1. Loop (Flat) generating　　2. Pull up as a 3d geometry　　3. Functionalization

· Vessel 7

Vessel 7 is stretched by a pie-shaped plane to form a pot-shaped space, and then its volume is reduced by a sphere, thereby creating a wonderful sense of light and shadow
容器七采用饼状平面的拉伸，形成锅状空间，再用球体对其体量削减，从而创造美妙的光影感

Envelope
Stage
Sitting area

1. Plane generating　　2. Pull up as a vault / dig a hole with a ball　　3. Functionalization

· Vessel 8

Vessel 8 adopts the internal operation of a basic cube, and the audience table is automatically created by the simple operation of tilting, and the cave-shaped ceiling adds a sense of drama
容器八采用基本方体的内部操作，利用倾斜这一简单操作自动创造出观众台，洞状天顶增添游戏剧感

Envelope
Sitting area
Stage

1. Plane generating　　2. Split with two planes to generate interior/ tilting　　3. Functionalization

20

二等奖

Aqueduct Memorial Design
渡槽纪念馆设计

小组成员：姚曜
单位 / 学校：北京（一苇）建筑规划设计有限公司

　　人民渠是国家重点水利工程，半个多世纪以来功勋卓越，为国家水资源调度、农业灌溉做出了突出贡献，见证了中华民族的发展与复兴，化身为几代人艰苦奋斗的精神图腾。人民渠穿过凯州新城项目用地，其中的宏伟渡槽、长虹渡槽和劲松渡槽给项目带来了独一无二的景观资源与文化内涵。我们的设计向兼具美感与科学的渡槽致敬，打造一个供人休憩观览的渡槽纪念馆，缅怀先辈们为这一伟大工程做出的贡献。纪念馆选址于一块北靠宏伟渡槽、南朝广阔水域的场地。我们从渡槽中抽离出两种形式原型：上部作为输水管道的槽体和下部起支撑作用的拱。将槽体变形为展陈空间，再取拱的一半得到一个具有方向性的半拱。由于展陈空间体量巨大，为避免对环境产生冲击，我们将其置于地下，顶部采光，玻璃顶上是浅浅的水池。随后放置两个拱结构，一个面向南侧的水域，一个面向渡槽。两个半拱作为观览流线的开端与终点，供人驻足、观赏、休憩，半拱的方向性有效地引导了视线，利于营造整体空间叙事结构。此外，半拱体量小巧，外观酷似小品，与环境相处融洽。纪念馆主要采用钢筋混凝土材料。地下的"渡槽"空间质感粗糙，配合着粗壮的结构与超人的空间尺度传达出历史感、沧桑感，形成宏伟雄壮的空间性格；地面上的"拱"则采用细腻的浅色抛光混凝土，强调出曲线的优美与精致，配合近人的尺度营造出亲切宜人的空间氛围。纪念馆的核心展厅是一个多意的空间，可容纳多种类型的活动。它独特的空间形态，行走于曲面上的体验，无疑会使其成为新的"打卡胜地"，为这片承载着历史与传统的沃土带来更多活力。

核心展厅室内透视

设计指标

占地面积：1500m²

总建筑面积：625.2m²

地上建筑面积：98.4m²

地下建筑面积：526.8m²

建筑基底面积：98.4m²

绿化面积：1015m²

建筑密度：6%

绿化率：67.6%

建筑高度：3.5m

可变为极限运动场地

可作为时装发布会的秀场

可举办小型音乐会或成为影视的取景地

可容纳其他类型的展览

三 等奖

Palmar-Room
掌间

小组成员：王文涛
学校 / 单位：自由设计师

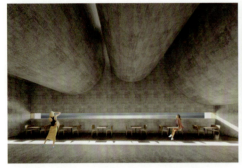 

关于选址：基地选址在凯州中央公园内，人民渠由西向东从场地内横跨而过，自然环境优美，形成其独特的风景地貌。设计旨在于自然环境中创造宁静的心灵庇护所。

关于造型：建筑形式从祈祷人的日常行为中获取灵感。通过对手掌的几何化抽象，获取极其具有戏剧化的建筑形态，整体造型沿河岸自由展开，犹如河畔一排祈祷的双手，聆听自然，慰藉心灵。

关于空间：建筑整体流线设计中，采用欲扬先抑的手法，通过入口前区规划，以建筑自身为背景，布置下沉广场，暗示祈祷仪式的开端。之后通过低矮的洞口进入一个水平进深 15m 的"掌间"走廊。一条波形光带从天而下，随着时间的推移，走廊呈现出不同的明暗交错空间。行至端头，另一侧布置一间竖向高达 15m 的礼堂。走廊与其形成极大反差，前者强调水平，后者强调垂直。礼堂室内空间同时向水面及天空打开，恰似"掌间"的取景器。与礼堂隔墙相对的是以天空为背景的水院教堂，屋顶出挑暗示祈祷的手掌。沿水院一侧设置辅助功能空间，在咖啡厅室内设计中，通过开窗模式的设计，光线在这里被赋予了生命，时间的变化在这里被记录下来，使人感受空间的梦幻与神秘。

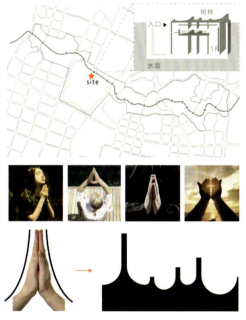

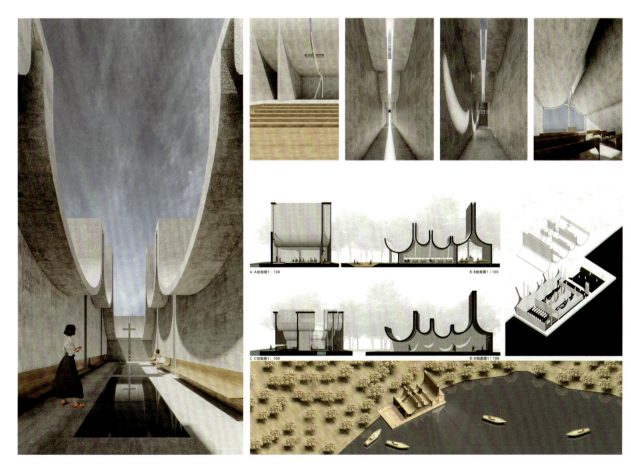

SEED
种

小组成员：李赫然
学校 / 单位：方里建筑

装置的灵感来源于一个情景置换式的思考。

在大楼林立的都市中，我们习惯于撒下自然的种子，成为现代城市中的一处处景观。那么在广阔的山川田野中，我们是否可以撒下城市的种子，而这些城市种子又会冒出何种枝芽呢？

在城市的语境中楼宇是主体，绿植景观成为其中的点缀。而当主体置换成了田野，城市又该如何为其点缀？

装置的主体由废弃的螺帽、螺母与钢筋构成。

螺帽、螺母是工业化体系的最基本元素，它们置换的是大地中的土壤。钢筋是工业化体系中的骨架，用其来置换大地中的植被、枝干。

主体周围设置了一条圆弧形的步道直通地下，通过这条步道将人从地上牵引到地下，视线的高度也随之改变，步道的最深处，视野水平线将与地面齐平，也将更加能感受到装置中的新"土地"和从中破土而出新"枝芽"带来的冲击力。

剖面图

平面图

种
Seed

三 等奖

Toilet Garden
厕·园

小组成员：周潼、黄帆
单位／学校：江南大学设计学院
指导老师：杨茂川

　　设计以公厕的微观层面为切入点来探索公共空间品质的营造。对于公厕而言，它不再是传统上只供如厕的、封闭压抑的消极空间，而是一个作为城市生活发生的、时刻被需要的积极活动空间。此次设计就是要以公厕为载体，呈现一个多元开放、有尊严的公厕形象，作为人们日常生活的栖息地。

　　设计打破传统公厕封闭私密的刻板认知和平面布局，将厕所基本功能体块抽离、打散、重组，并加入景观、交通、休憩等功能空间，同时以理性曲线进行围合串联，以局部透空的大屋顶进行统一，通过多元的活动模式，打造出以公厕为载体的自由开放、活力多元的积极公共空间，提升场所空间品质。

/设计图纸/ Design Drawing

1、平面/Plan Drawing

2、剖立面/Section Drawing

/采光与通风/ Daylighting and Ventilation

/多元场景/Multiple Scenes

休闲交流/Leisure Communication

阅书共享/Book Sharing

信息展示/Information Presentation

小型市集/Small Market

互动体验/Interactive Experience

小型展演/Small-scale Demonstration

/座椅分析/ Seat Analysis

私密模式-单人/Private Mode -Single

亲密模式-两人/Intimacy Mode-Two

公共模式-多人/Public Mode-Multi-person

/材质分析/ Material Analysis

/效果示意/Effect Demonstration

The flowing space, will people naturally into the interior, transparent line of sight, throughout the space before and after.

/雨水收集/ Rainwater Harvesting

雨水口剖面图

雨水收集利用系统

三 _{等奖}

Roof Island
林间屋宇

小组成员：石成、谢龙飞
单位 / 学校：方得其溯设计

  项目选址位于凯州新城拟规划的中央公园内，融合轻盈的东方美学与川派景观的野趣，用景观塔的方式回应了场地内公共空间的表达方式。方案沿袭地块内部独特的自然肌理，抓取竹林环抱水田的优质景观资源，并借景远处能够代表农林文化精髓的人民渠渠，完成了一次对凯州大地艺术的柔美诠释。林盘是四川引以为傲的独特居住模式，其独有的傍林而幽居的生活态度造就了生活的野趣。凯州新城在林盘的孕育下，生长出了诸多的文化遗产。或许今后凯州新城将因开发建设的需要而无法保留林盘的模式，但我们的设计将从林盘的生长出发，探讨林盘竖向生长的可能性，延续其带来的独有大地文化。通过研究凯州新城现状地块下林盘的分布情况，提取了林盘中田、林、水、宅、路等的形态、关系及比例，分析出五重不同形态的林盘状态，并模拟其竖向生长的趋势，最终得出林盘经生长—破裂—重组过程后的一种可能的形态，成为景观塔的设计依据。通过研究凯州新城周边民俗文化，发现中江挂面、川剧庙会戏台、船工采莲等是当地民俗文化重要的组成部分。所以我们希望在景观塔中置入民俗文化展厅、村民活动中心、水上川剧舞台等功能，让景观塔成为当地的文化宣传地标和活动聚集地。

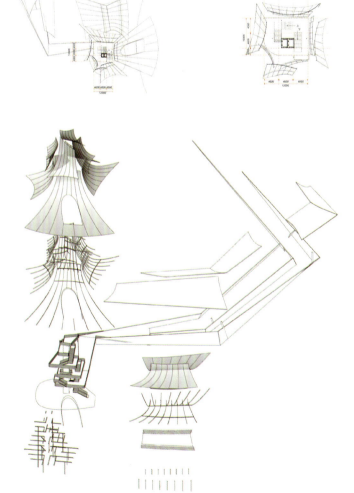

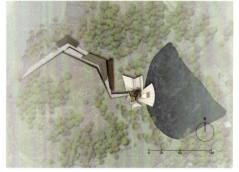

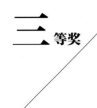

三 等奖

CONSTELLATION, a series of smart city furnitures
星座系列智能城市小品

小组成员：萨尔玛·卡塔斯
单位 / 学校：亚西尔·哈里尔建筑工作室（摩洛哥）

该方案基于设计作为场所营造的催化剂具有一定的重要性，为人们提供交流互动、聚会的空间，并促使公共空间转变为社交活动场地。

该设计模糊了艺术装置、城市家具、亭子、结构之间的边界。最初，这一系列的城市家具被视为一个景观装置，以植物形式出现在公园，为公共空间营造出一片美丽的风景。这些装置有不同的用途（三种类型）：街道照明，可转换的座椅，到用于显示最新的新闻、活动、政府信息或广告的数字互动屏幕。此外，互动屏幕还可以适用于不同的场景（如互联网研究、电影院等）。

每个单元的上部可以延伸出一半的弧线，与相连的另一半单元连接，形成一个完整的拱形。整个建筑群在内部创造了一个由连续的拱廊结构组成的空间。此拱廊结构可应用在许多社交场景与城市活动中，可以用于举办公共展览、作为儿童游乐场，或者用作举办文化活动的亭子。该结构还可以变成一个封闭和受保护的空间，用来承办不同的活动，如每周集市或临时社区中心。

该金属家具由太阳能驱动。人们可以使用长椅上的 Wi-Fi 热点，此外，长椅上还配备了可供笔记本电脑和手机充电使用的电源装置。

该方案旨在重新定义城市家具作为改善公共空间、引发城市活动和社区聚会的催化剂，以及在城市环境中的使用情景。该方案通过提供大量公共服务、信息和连接，同时收集有价值的数据来优化程序和降低成本，智能城市家具被视为一种增加公共空间吸引力的方式。

这一系列的城市家具被视为一种城市催化剂，可以创造出从开放、半开放到封闭的各种空间类型，并且可以从一个独立的装置组合发展到一个开放的结构，再到一个隐秘性良好的户外空间，并且可根据社区需求的变化而变化。

该装置的名字"Conste-llation"完美地诠释了方案的本质，即作为一系列具有独立功能的单元，当它们连接在一起时，又可以变成一个完整的空间，对市民来说有不同的意义和功能。

加速的城市化促使人们需要保持联系，使得我们思考所设计的空间的用途和时间性。此装置将有助于为社会互动、连通性创造机会，并利用永久性单元创建各种临时空间，有助于激活城市空间，为人们提供以自己喜欢的方式去使用公共场所的机会，提供一个让人们既可以相互连接、交流互动，又适应人们需求的场所。

City Cube
洞天

小组成员：魏云琪、杨文祺
单位 / 学校：加州大学伯克利分校（美国）

凯州新城的设计有异于传统的西方城市设计。贯彻"在公园内营造城市"的生态理念，其建设用地散布于整个公园场地内。一条兴建于 20 世纪 70 年代的灌溉水渠自西向东贯穿其间，成为场地内最为突出的文脉特征，也是当地人们在时代大背景下筚路蓝缕、人定胜天的集体记忆。

本方案以渡槽的拱形结构为出发点，通过对渡槽的解构与重组，希望营造出与渡槽同宗同源而又互为对比的建筑及装置。同时，受伯纳德·屈米的拉维莱特公园启发，我们旨在打造一系列母题相似而形态空间各异的建筑及装置，使之散落于公园场地之中，并由一条暗线串联，使水渠渡槽形成的明线与建筑装置形成的暗线交织于一体，促成渡槽旧貌与凯州新颜的时空对话。

本方案构想在公园中的休闲、阅读、展览、表演、体育活动、创意集市等多种空间叙事，同时，将渡槽的立面进行拆解，将其拱形符号打断、延展或缩放，研究不同方向和尺度的拱形空间与多种活动的关系，以此作为后续方案设计的基础。

面对正在兴起的装配式热潮，装配式建筑依旧未曾摆脱单调乏味的刻板印象、基于建筑在工程属性之外所蕴含的艺术属性。本设计着重探讨：艺术是否可以被装配？我们将渡槽符号重组形成四个方形模块，并使模块外部空间呼应，内部空间串联，使模块的组合成为可能。

模块的内层和外层分别由木材和磨砂玻璃构成，内外之间为钢结构龙骨。设计利用磨砂玻璃的半通透属性展现建筑内外形态微妙的平衡。为进一步增强模块的灵活性，建筑内部采用轻便的钢梯连接不同标高。

垂直舞台 /VERTICAL CONCERT PLATFORM

构造细节 / DETAIL

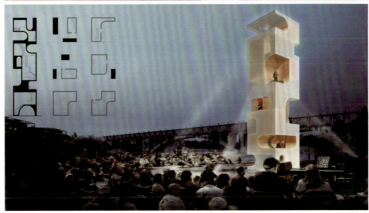
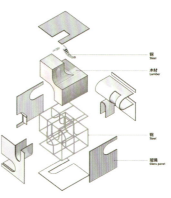

钢
Steel

木材
Lumber

钢
Steel

玻璃
Glass panel

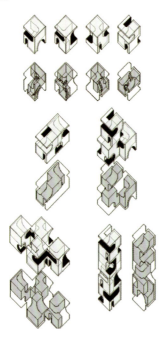

模块拼接 /COMBINATION

创意社区 /CREATIVE COMMUNITY

Listen to the Wind
—Ancient Tree Theater

且听风吟——古树剧场

小组成员：宋家庆
单位 / 学校：天津大学

　　设计区域内的现有自然资源，如树木、湖泊、草地，在城市的建设过程中可以继续发挥其价值。本设计围绕场地内需要保留的古树进行思考，观景平台的环绕和活动大台阶的设计可以让人群在古树下聚集；随机的圆形石板铺地与多孔的观景平台，可以让自然与人充分接触。在这里自然与人相遇，历史与现在相遇。

平面图 1:150

南立面图

1-1 剖面图

三等奖 / **Cage**
笼

小组成员：孙艳冬
单位 / 学校：自由设计师

关于概念：设计从戏剧化的角度去审视鸟、鸟笼、人三者之间的关联。试图站在各自对立的立场，转变角色扮演，颠覆彼此。此时，人是笼中之鸟，鸟是笼外之人，试图呼唤人去关爱鸟类，与大自然和睦相处。

关于造型：建设基地选址于凯州新城中央公园内，设计以日常生活中习以为常的鸟笼为原型，通过对其简化抽象，编排转译，形成两个倒扣的"笼体结构"，两个"笼体结构"之间为盘旋而上的坡道，并将真实世界里鸟在鸟笼中的活动杆件转变成"笼体结构"的内部连桥。与此同时，将坡道外侧不同的标高分别设置成不同高度、不同角度的"观景屋"。"观景屋"形式来源于日常生活中人类为鸟类制作的鸟屋。至此，观景台、坡道、连桥、"笼体结构"，四者之间相互作用、相互影响，使人在观景观鸟的整个环游过程中不断切换角色。站在不同的角度去看待他人、看待鸟类、看待自然、看待世界，获得戏剧性的空间感知体验。

关于结构："笼体结构"中间为偏心的混凝土筒体，筒体内部布置交通核管井及辅助空间，借鉴现实生活中鸟笼的结构逻辑，混凝土筒体通过坡道拉结内外两圈主体钢结构，沿主结构随机布置次级装饰钢结构。

反转 Reversal

标准平面 Standard plane / 核心偏心变异 Eccentric variation of Core Tube / 加入坡道及活动平台 Adding ramps and activity platforms / 引入连桥 Introduction of connecting bridge / 每层叠加形成抽象的鸟巢 Each layer is superimposed to form an abstract bird's nest

核心筒 + 主体钢结构 Core tube + Main steel structure / 次级装饰结构杆件 Secondary decorative structural members / 旋转坡道 Spiral ramp / 连桥 Connecting bridge / 观景屋形成抽象的鸟屋 Viewing rooms become abstract bird rooms

总平面图 General layout

优秀 奖 / **Vault Garden**
穹窿公园

小组成员：章阅
单位 / 学校：加泰罗尼亚高等建筑研究院（西班牙）

　　洞穴是建筑的原型之一。后期，罗马建筑中的"拱门"就是由洞穴结构发展而来的。而且在几千年的建筑遗产中，拱门一直被讨论和应用。因此，本设计选择"拱门"这一主题来重塑公共生活空间。以"拱门"为载体，将运河与现代、自然环境和日常生活联系起来，希望创造一场古典与现代的对话。团队尽量选择简洁的空间和形式语言，努力为人们创造一个纯粹的环境，提供日常活动的场所。其实，在金库花园，我们很难明确区分公共空间和私人空间的界限。多孔的界面模糊了人与人之间的界限，方便了人们的交流，也为当地人提供了不同风格的异域审美体验。拱门作为一种文化符号，既是历史又是现实，既属于静态空间又属于动态过程。人们可以在欣赏它的同时，发现存储于现代城市景观中的当代生态梦想。

优秀奖

Sports New "K" Continent
运动新"K"洲

小组成员：董昭含（组长）、马晨晏、崔旭辉、陈浩楠
单位／学校：中国矿业大学
指导老师：李莎

　　基于小尺度创意公共空间与后期可持续运营理念，本设计采用立体思维，把握信息时代运动健康与生态宜居需求，为凯州新城构建具有地域特色、高辨识度的湿地运动构筑体：运动新"K"洲。以保护、保留、提升河岸原有林地植被为基础，以增强游人场所体验真实感受、脱离信息社会手机黏性为目标，在视域分析及人居场景综合考量后选定场地。扩宽局部河域以形成湿地沙洲，K形景观桥沟通两岸的同时，创造水上滑板活力洲岛，环绕以自行车道，实现步行、骑行、滑行道路分流；构筑桥梁伸向河岸两侧林地，因而引入林下儿童自然活动区、林下自行车练习区；原生式树木枝干形态设计元素一方面作为承重结构，另一方面在视觉上与周边林地特征呼应，自然地标的独特视觉创意感知特征被强化；桥梁中央与滑板区相连处，设计有特色饮品休闲吧，丰富运动陪同者、休闲旅者的视觉、触觉、味觉体验，盈收可成为后期维护该洲岛的资金来源之一。建造材质首选可持续生态材料，如彩色胶结料自行车道路面、以防腐木材为主的儿童活动设施、粗放砂石活动地表等沥水铺装；活力运动核心洲以混凝土滑板区为中心，生态自行车道以现代简洁的亚克力安全护栏围合，打造落地性强、经济适用的高品质健康生活场所。K形设计元素，灵感来自"凯（kai）"州地名，以简洁、具象、高级的设计手法，引导户外未来健康运动场景自然化，强调信息时代真实绿色空间中人与人的健康互动关系。

优秀奖 / **Urban Qingheli**
城市青和力

小组成员：温雯、孟大旭、刘雅心、孙禄鹏、甘宇田
单位 / 学校：天津大学、四川大学
指导老师：胡一可

　　几乎所有城市都相信，拥有年轻力量，就掌握了源源不断的生产力、创意和消费潜能，进而掌握未来的无限机遇和美好前景。我们基于数据研究型新媒体——DT 财经的《2019中国城市青和力报告》中对青和力的定义和指标，通过分析抽取出从一座公园的角度可以加以提升的三个方面——文化娱乐、新鲜生活和环境友好，与提炼自当地及周边的时空多维元素——音乐、林盘、红色文化和生态科普性进行串联升华，通过模块化、智慧化、共享化、虚拟化的场景和设施归于实际建造，塑造了一系列场地和装置，并通过大数据和移动网络组成多套系统，以构成一个提升城市形象和价值的新潮科技化景观。

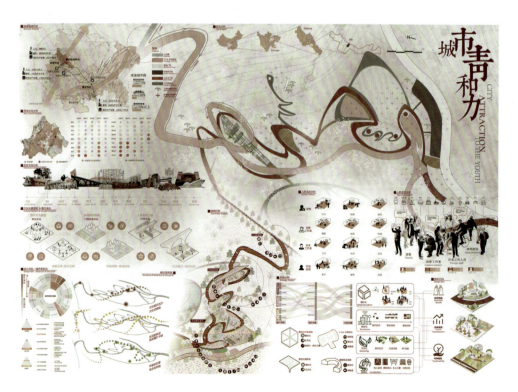

优秀奖 / You Fly To Your Mountain Like A Bird

你像鸟飞向你的山

小组成员：徐婧、刘刚、陈逸卓
单位 / 学校：上海零岑建筑设计事务所

城市公园的视觉印象：巴山

一座座像雪山一样飞扬的屋面，连接出山峦起伏的视觉印象。在现代的凯州城市公园中，对巴山蜀水与古蜀国文化静静地回望。

本设计屋面形态提取了四川丘陵起伏绵延的曲线。屋顶的瓦片采用有粗糙质感的陶土板，在不同时间阳光的照射下，像雪山一样反射着粼粼的光。相同语言、形态各异的小屋在公园中灵活地生长，隐匿在树冠中，串联起了公园中的活动空间。

城市公园成为灵活活动载体

参考纽约的中央公园与高线公园的活动组织可见，城市公园由于其特殊的环境背景更有利于承办场地需求灵活、与自然系统联结紧密的可持续发展活动，例如森林艺术展、草地音乐会、自助蔬菜采摘农家乐等。

因此，设计的基本策略是让公园中小型建筑物成为活动的激活点，能用于不同的活动空间且向室外辐射。为此，本设计在建筑本体上采用了伞形结构，给予立面足够的灵活度。可推拉的玻璃能随意打开，使得室内外的活动串联到一起。室内构筑物在不同活动中扮演不同的角色，结构墙可以作为音乐会演出的背景板，楼梯成了看电影的座椅，就这样，被赋予不同功能主题的山形小屋成了活动的起始点。从外向内的曲线内院也增加了内外联结的动势。

城市公园运营模式：你像鸟飞向你的山

公园运营采用线上线下结合的方式。场地面向大众租借，让城市人口自主地参与进公园的活动组织中。通过 App 平台整合发布活动信息，有效地组织活动时间与场地类型。访客可通过 App 领到属于自己的精灵鸟，运用 AR 技术用于引路、参与活动等。线上的效率性与线下的趣味灵活性，使得山和小鸟成为凯州中央公园的形象 IP，吸引大量的人流前来探访，激活公园，将盈利再用于公园的组织维护。

优秀奖 / Parent-Child Tower
亲子塔

小组成员：李栩、李德安、李伟
单位 / 学校：林同棪国际工程咨询（中国）有限公司、
　　　　　　　中铁二院重庆勘察设计研究院有限责任公司

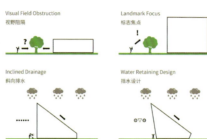

"建筑是一个小城市，城市是一个大建筑。"城市是一种空间，许多人生活在这种空间里。建筑，是构成城市的基本单位之一，不同的建筑里，演绎着不同人的不同人生。小型建筑所创造的公共空间，犹如针灸一般，影响着城市，从微观层面对城市进行着修补和调节。

交流，是生活的基本需求之一，也是文化传承的基本途径之一。家庭，是构成社会的基本单位。因此，家庭的交流，是社会生活十分重要的一环。我们希望建立一个交流空间，带着这个城市的文化基因，提供家庭互动的场所，聚集人气，以此激发区域城市活力。

周末游、微度假、全域旅游已经成为带动城市发展、促进经济转型的有效途径之一，也是公园城市场景营造的重要部分。而周末游、微度假、全域旅游的重要客群，甚至是主力客群，便是家庭客群，亲子游便是需求极大的一种游乐方式。

公园场景中，视觉焦点往往会是一座塔。而具有亲子活动中心功能的塔状标志性建筑，更加容易引领人群聚集，它很容易成为游客的目的地及方位参考物，能够很好地激发城市活力。

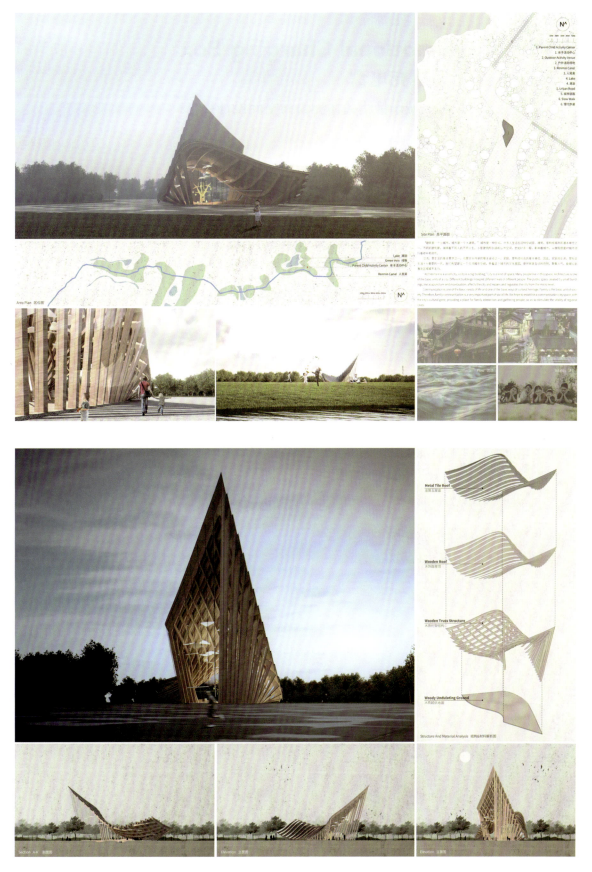

优秀奖

Emotional Charging Box
情绪充电盒
——城市情绪关怀类公共空间设计

小组成员：冉姗姗、李俊琳、王昱、李湘
单位 / 学校：四川农业大学
指导老师：李昕韵

人的情感需求是当今社会高速发展，被漠然忽视的重要存在。随着城市化进程的加快，每个人在社会中都充当着一颗"高压螺丝钉"。"压力无处释放，轻松也越来越难以获得"是无数当代人的心声。

本次设计从城市发展变迁带来的人本身情绪的改变入手，专注人的情绪变化，为每颗独一无二的心灵提供慰藉所。通过对不同情绪的分级定位，来划分确定不同群体所需要的不同休憩环境与多样慰藉方式，以此让每位走进情绪盒子中的人都能得到释放。

利用废弃工业集装箱、轮胎等进行废品生态回收改造，打造一处多功能区——可选择可拼接的公共互动空间。在保持人情绪疏导的基础上，提高人与人之间的情绪共鸣与黏性。

优秀奖 / Qingyin Bamboo Museum
清音竹馆

小组成员：王跃渊、刘宝营、蒲簧涛、刘煜潇、张思瑶
单位 / 学校：中央美术学院
指导老师：刘文豹

在中江上千年的筑城历史中，城市与自然的共融共生，因地制宜、依山就势的川式处理方式，构成了山地营造的精华。本团队提供的清音竹馆设计方案，试图在地方传统营造的基础上对凯州新城功能进行填补并且续写中江文脉与记忆。我们试图利用建筑来唤醒中江的历史，激发人民在过往的奋斗岁月中相互帮助的记忆，发掘山地传统营造的当代价值，为今天的公园城市设计探索全新的视角。

建筑连接两侧山体，下方用镜面玻璃围合，与自然景观融为一体，消隐于周围竹林中。建筑内部悬挂铜管，营造出倒挂竹林的意像，与周围的竹林环境相映衬。 悬挂的铜管按照宫商角徵羽不同音阶所对应的长度制作，使得游客在漫步其中时可以通过碰撞不同的铜管而获得音乐的体验，感受特有的铜山文化，引起对历史的共鸣。

中江县在经过数千年的洗礼和当代文明的冲击后，原有的文化传承在当今颇为不易，人民渠所代表的红色文化、互助文化仍需要更好地挖掘与发扬。我们在建筑中安排了中江民间手艺展厅，旨在促进中江民间手艺的宣传和传承，利用铜管本身悬挂的高低，模糊了原来的边界，促进了人与人之间的交流互通，使空间拥有更多的可能。从中庭可以直接漫步屋顶，一是使建筑本身作为交通空间，便民利民；二是使建筑拥有良好的观景平台，使游客在游览之余，遥目九野，远览长图。

正如汉娜·阿伦特所说：只有当个人将他的生活以及他整个人都完全投入到"公共领域的冒险"中时，"人文"才有可能实现。

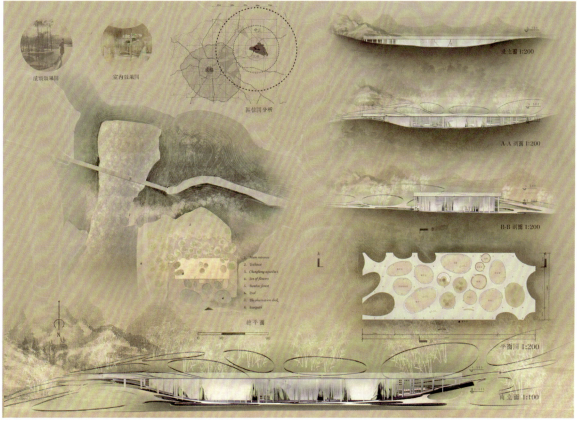

优秀奖 / THE "U" OVER THE CANAL
渠上 U

小组成员：陈纳、蓝春芳、郭斌
单位 / 学校：广州美术学院
　　　　　　广西艺术学院
　　　　　　吉林大学珠海学院
指导老师：涂亚军

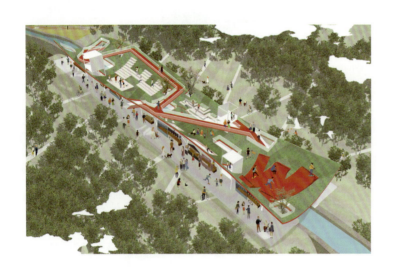

　　1975 年 4 月 17 日，引自岷江的渠水缓缓流入中江县。渠水被农民用来灌溉、洗漱，与农民的生活形成了紧密的联系，是物质上的，更是情感上的。但随着城镇化进程的加速，农民逐渐脱离了农耕生活，进入城市工作，水渠也逐渐被城市遗忘了。凯州新城的建设让水渠在城市中的价值再次得到关注。延续水渠的生命力，激活渠道沿线公共空间活力，让水渠与市民的生活形成新的连接是我们设计的出发点。设计选址于劲松渡槽前端渠道沿线区域。水渠径直从场地中穿过，将场地分隔开。我们通过抽取传统桥的形式，对其进行反转与延续，在连接地面的同时也产生了渠上的活动空间。而在后疫情时代的背景下，激发市民外出活动成为当务之急。我们通过在"桥"下沿渠道方向设立集市空间，借由地摊经济的推行，吸引市民聚集于此，重新激发场地活力。在"桥"的介入下，水渠沿线又恢复了往日热闹的气氛，水渠再次连接了人民的生活。

优秀奖 / THE NEW CANAL OF KAIZHOU
凯州新渠

小组成员：王锡雄
单位 / 学校：自由设计师

　　本设计结合对水与人类发展之间的关系的研究，对凯州新城中央公园内人民渠在未来新的空间系统、新的历史使命、新的蜕变进行一个展望。未来人民渠沿线将会建设一条畅通无阻的慢行步道，结合水系激发中央公园的公共活力，同时提供一个让市民亲近自然的滨水空间。通过设立空中人行步道的方式连接现状高架水槽区域地面空间的割裂，打造一条畅通无阻的慢行系统；同时在相应的位置引入水这一公共空间积极元素，建立地面与空中水槽之间的联系，打造水池、水幕瀑布，引入游泳池、水秀剧场等功能，打造一个公共网红打卡点，激发公共空间的活力。设计旨在探讨水与公共空间、公共活力之间的关系。

慢行步道 / 戏水瀑布

凯州新渠
The New Canal Of Kaizhou
筑桥引水：重塑水与公共空间的关系，引水点燃公共空间活力，筑桥构建人民渠连续的滨水空间系统

游泳池

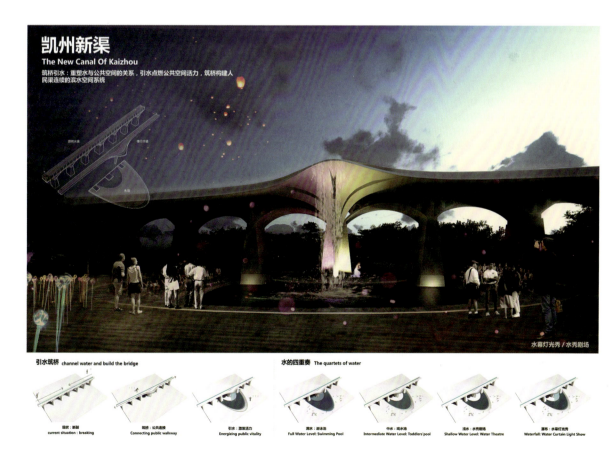

凯州新渠
The New Canal Of Kaizhou
筑桥引水：重塑水与公共空间的关系，引水点燃公共空间活力，筑桥构建人民渠连续的滨水空间系统

水幕灯光秀／水秀剧场

引水筑桥 channel water and build the bridge　　　　水的四重奏 The quarters of water

现状：断裂
current situation: breaking

筑桥：公共连接
Connecting public walkway

引水：激发活力
Energizing public vitality

满水：游泳池
Full Water Level: Swimming Pool

中水：戏水池
Intermediate Water Level: Toddlers'pool

浅水：水秀剧场
Shallow Water Level: Water Theatre

瀑布：水幕灯光秀
Waterfall: Water Curtain Light Show

优秀 奖

Cross Dimensional Perception·
Infinite Gallery

跨维度感知·无限画廊

小组成员：王宇
单位 / 学校：哈尔滨工业大学

未来的城市发展不仅仅是机械化的简单重复和复制，更注重的是个性化及创造力的延伸。在中央公园全程 6km 的人民渠沿线，通过一个个具有丰富度的空间设计形成触媒点，激活整个沿线空间。方案选址在距离水系较近的区域，力图打造一个充满想象力的未来画廊空间。以"跨维度感知"作为创作理念，通过一个闭合的空间桥将城市、自然和建筑组织在一起，市民从城市来到这片中央公园里，要到达画廊首先要走上桥，从绿意盎然的自然空间经过时间的变化，自然而然地进入画廊空间，桥本身是一个闭合的无限循环的体系，人们就在自然环境和画廊的艺术品之中来回穿梭。从空间的维度跨越到时间的维度最后延伸到无限维度，给人关乎未来、时间、空间及无限的畅想。在周围天、水、山、田的美好自然环境中，如果仅仅是通过直截的建筑空间界面展示是不足以享尽这旖旎盛景的，无限桥通过高度的不同变换，游走在建筑之中及延伸到建筑之外的感官体验，为游客增加了跨越维度的感知力和想象力。建筑本身没有固定的空间界面，优美流畅的线条与背后的山脉形成呼应，自然优美的弧度如同大自然鬼斧神工的水系，蜿蜒流转，娓娓道来。建筑没有生硬地与环境对抗，而是以大自然承载者的姿态把人和环境紧紧地联系在一起。无限画廊所打造的不只是一个单体空间，而是创造一种未来时序里人与自然的交流方式。

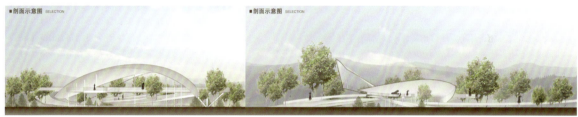

■剖面示意图 SELECTION　　　　　■剖面示意图 SELECTION

INFINITE GALLERY

■一层平面示意图 FIRST FLOOR PLAN

无限艺术桥360度的吸纳周围的环境，立体式的包裹体验
INFINITE ART BRIDGE ABSORBS THE SURROUNDING ENVIRONMENT 360 DEGREES, A THREE-DIMENSIONAL PACKAGE EXPERIENCE

画廊形成内聚型的空间，自然环境成为艺术展示的一部分
GALLERIES FORM COHESIVE SPACES WHERE THE NATURAL ENVIRONMENT BECOMES PART OF THE ART DISPLAY

观景自然成为了欣赏艺术品的一个组成部分，渲染了气氛
THE VIEW NATURALLY BECOMES AN INTEGRAL PART OF THE APPRECIATION OF THE WORKS OF ART, RENDERING THE ATMOSPHERE

优秀 奖 / Viewfinder
取景

小组成员：李紫熙
单位 / 学校：北京工业大学
指导老师：廖含文

由于凯州新城以中央公园为载体，因此在设计这个建筑小品时力求不改变现有的地形与生态环境，在最大限度上尊重自然。整个公园的西南侧有一处水景，因而想到在水景旁设计一座建筑小品，以游客服务中心功能为主。可以充分开发水景的娱乐作用，也可以使得游客有依山傍水的感觉。

建筑整体犹如三个通道相连接，使得建筑的观景面增大，观景角度增加。立面采用木质胶合板，在生态环保的同时，将立面分隔成犹如一幅幅画框，可以提升游客的审美趣味。在根据照片以及网络形式调研后，发现水岸处地面均有一定的高差，利用地形的高差将建筑分为上下两层，并通过外侧廊道相连，增加建筑的灰空间，模糊建筑与自然的界限。因此将该建筑小品取名为"取景"。

经过对其他该类建筑的调研，将游客服务中心内包含的主要功能定为咨询处、展览、餐厅、纪念品商店以及公共卫生间。建筑采用承重墙结构，建筑立面材料选用绿色环保的木质胶合板，屋顶采用瓦片，体现中国的传统文化，将现代与古典建筑相结合。

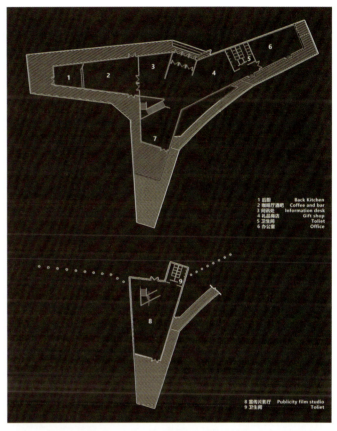

1 后厨　　　Back Kitchen
2 咖啡厅酒吧　Coffee and bar
3 问讯处　　Information desk
4 礼品商店　Gift shop
5 卫生间　　Toilet
6 办公室　　Office

8 宣传片影厅　Publicity film studio
9 卫生间　　Toliet

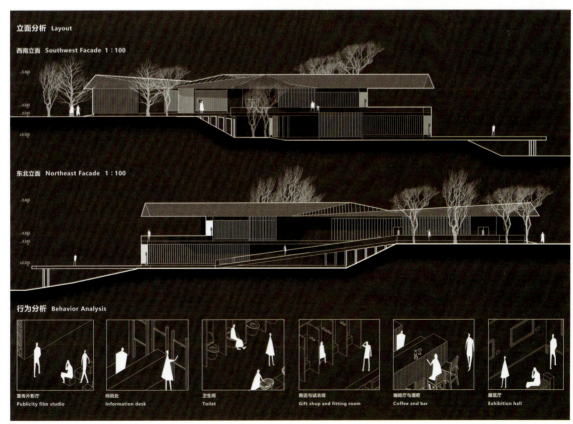

立面分析　Layout

西南立面　Southwest Facade　1 : 100

东北立面　Northeast Facade　1 : 100

行为分析　Behavior Analysis

宣传片影厅
Publicity film studio

问讯处
Information desk

卫生间
Toilet

商店与试衣间
Gift shop and fitting room

咖啡厅与酒吧
Coffee and bar

展览厅
Exhibition hall

优秀奖

The Trail of Kai Zhou
凯州足迹

小组成员：那鲁博丁·菲奥拉、阿拉亚·达纳西塔姆、查那卡·朴恩萨特马卡、那查拉特·苏万旺、帕努蓬·桑卡姆

单位 / 学校：梅州大学（泰国）

该运河是一个公共公园，其设计理念是试图缓解或解决当今全球变暖和气候变化所带来的问题，这直接影响着当地的生态系统和生物生存。2020 年，全球变暖破坏了全世界的生态系统。世界一直面临的另一个现象则是城市化。城市的发展非常迅速。原始生态系统受到威胁。甚至可能在未来消失……凯州新城项目旨在改善生态系统，成为一个有创意的环境友好型城市。

空间设计的概念：

自然	城市
蔬菜洼地	生物滞留洼地
人工湿地	生物滞留池（雨水花园）。

THE TRAIL OF KAI ZHOU
SHARE OUT , SHARE SPACE ,SHARE ECO ,SHARE THE WORLDS

THE TRAIL OF KAIZHOU IS A PUBLIC PARK PROJECT DESIGN THAT HAS IDEAS TO SUPPORT OR SOLVE PROBLEMS THAT ARE ARISING TODAY IS GLOBAL WARMING AND CLIMATE CHANGE. THIS HAS A DIRECT IMPACT ON ECOSYSTEMS AND LIFE. IN 2020, GLOBAL WARMING HAS DESTROYED ECOSYSTEMS THROUGHOUT THE WORLD. AND CONTINUE TO HAVE SERIOUS CONSEQUENCES IN THE FUTURE. ANOTHER PHENOMENON THAT THE WORLD HAS ALWAYS FACED IS URBANIZATION. THE GROWTH OF CITIES MAKES FORESTS AND THE ORIGINAL ECOSYSTEM IS THREATENED. AND MAY DISAPPEAR IN THE FUTURE. THE TRAIL OF KAIZHOU IS A PROJECT OF KAIZHOU NEW CITY IS A PROJECT THAT CREATES AN ENVIRONMENT READY FOR THE CHANGE OF THE WORLD. AND CONSIDER BEING A CITY THAT IS ENVIRONMENTALLY FRIENDLY CREATIVELY. THE CONCEPT OF SPACE DESIGN CONSISTS OF

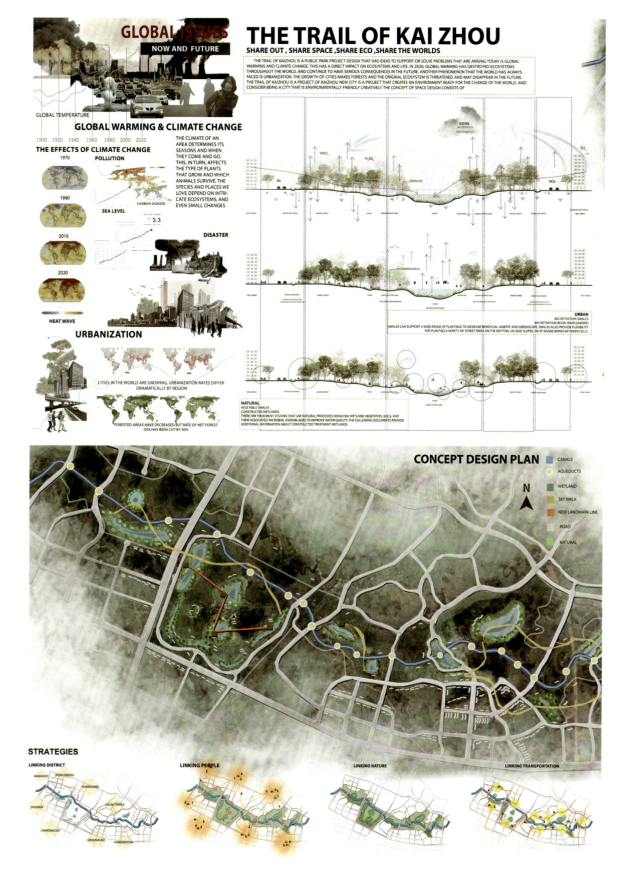

GLOBAL WARMING & CLIMATE CHANGE

GLOBAL TEMPERATURE

1900 1920 1940 1960 1980 2000 2020

THE EFFECTS OF CLIMATE CHANGE

THE CLIMATE OF AN AREA DETERMINES ITS SEASONS AND WHEN THEY COME AND GO. THIS, IN TURN, AFFECTS THE TYPE OF PLANTS THAT GROW AND WHICH ANIMALS SURVIVE. THE SPECIES AND PLACES WE LOVE DEPEND ON INTRICATE ECOSYSTEMS, AND EVEN SMALL CHANGES

1970

1990

2010

2020

HEAT WAVE

POLLUTION

CARBON DIOXIDE

SEA LEVEL

↑3.3

DISASTER

URBANIZATION

CITIES IN THE WORLD ARE GROWING, URBANIZATION RATES DIFFER DRAMATICALLY BY REGION

FORESTED AREAS HAVE DECREASED BUT RATE OF NET FOREST OSS HAS BEEN CUT BY 50%

URBAN
BIO-RETENTION SWALES
BIO-RETENTION BEGIN (RAIN GARDEN)
SWALES CAN SUPPORT A WIDE RANGE OF PLANTINGS TO INCREASE BENEFICIAL HABITAT AND GREENSCAPE. SWALES ALSO PROVIDE FLEXIBILITY FOR PLANTING A VARIETY OF STREET TREES ON THE BOTTOM, ON SIDE SLOPES, OR AT RAISED BERMS BETWEEN CELLS.

NATURAL
VEGETABLE SWALES
CONSTRUCTED WETLANDS
THERE ARE TREATMENT SYSTEMS THAT USE NATURAL PROCESSES INVOLVING WETLAND VEGETATION, SOILS, AND THEIR ASSOCIATED MICROBIAL ASSEMBLAGES TO IMPROVE WATER QUALITY. THE FOLLOWING DOCUMENTS PROVIDE ADDITIONAL INFORMATION ABOUT CONSTRUCTED TREATMENT WETLANDS.

CONCEPT DESIGN PLAN

N

- CANALS
- AQUEDUCTS
- WETLAND
- SKY WALK
- NEW LANDMARK LINE
- ROAD
- NATURAL

STRATEGIES

LINKING DISTRICT

LINKING PEOPLE

LINKING NATURE

LINKING TRANSPORTATION

We Cook

田炊

小组成员：钟楷富、刘诗情、卢燕
单位 / 学校：严迅奇建筑师事务所、卡达维特费尔德建筑事务所、
　　　　　　阿卡斯建筑设计咨询有限公司（中国香港）

　　人民渠从凯州新城穿行而过，是凯州山水生态城市格局之魂。它作为都江堰水利工程灌区的分支，自建成以来成为周边农田的灌溉之源，润泽沃野，厨香满溢。渠水，与田、与厨密不可分。

　　无论节日团圆、工作交流还是日常聚会，中国特色的社交活动总是与食这一核心行为形影相随。而在后疫情时代，人们早已厌倦日复一日的宅家煮饭一人食，向往欢闹洒脱的共同煮饭一起食。于是，一处充满田园诗意的开放式共享厨房成为当地居民、市民以及游客交流、纾解乡愁及增进感情的公共空间。

　　田炊土灶共享厨房以人民渠滋养的农作物作为食材，结合传统的土灶烹饪方法，带来创新又熟悉的烹饪体验。挑战了传统意义上的暗黑后厨和封闭就餐环境，将后厨推向前台，使色味俱佳的烹饪活动随时可观可感，成为社交活动的催化剂。设计从"田"字出发，四个平台适应场地高差并旋转朝向渡槽视野，形成以共享厨房大平台为核心的向心性空间布局。平台下部利用高差嵌入入口、食物收取货架、小型备餐台以及垃圾处理等基础设施，平台与阶梯结合则赋予了空间多功能利用的可能性。厨余垃圾经处理产生天然气和肥料，实现食物生产和消耗的生态可持续循环。另外，借助当代发达的信息网络可以实现网上预订厨位与生鲜配送，为当地村民增加工作机会并创收。

　　当代快速的生活节奏之下，回归田园诗意和慢生活成为浮躁世界里的一股清流。当柴米油盐酱醋茶与人民渠相遇，田炊土灶共享厨房邀人们充分享受烹饪和食物的乐趣，在闹市中收获安宁，在笑语欢声中体悟生活之大美。

01 Idea 设计理念

Renmin Canal serves as the water resource, nourishes the farmland and brings food. Inspired by the Chinese character "田"(farmland), the site is divided into four parts.

02 Adapting to the Site 适应场地

Responding to the Changhong Aqueduct, the enlarged platform becomes a focal part with view towards it. The other parts are turned accordingly.

03 Program Layout 功能布局

Programs are laid out based on the matched level difference. The focal platform is for the shared kitchen, while the other platforms are for dining area. Infrastructures are embedded underneath, e.g. entrance, raw material collection and preparation, garbage,etc.

田炊 WE COOK

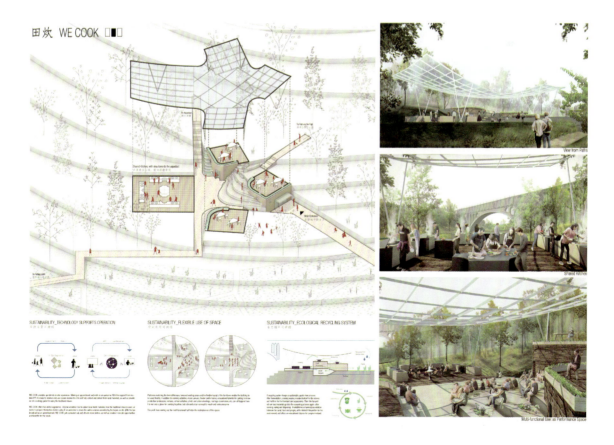

SUSTAINABILITY_TECHNOLOGY SUPPORTS OPERATION
环境持续_技术支持

SUSTAINABILITY_FLEXIBLE USE OF SPACE
环境持续_空间灵活利用

SUSTAINABILITY_ECOLOGICAL RECYCLING SYSTEM
生态循环系统

View from Paths

Shared Kitchen

Multi-functional Uses as Performance Space

优秀奖／Seeing and Being Seen
—Design of Lakeside Tourist Center
看与被看——湖边游客中心设计

小组成员：孙长辉
单位／学校：自由设计师

　　城市公共空间的发展正朝着多元化、多维度的方向发展，而这种现象的出现设计者认为有两方面原因：一方面是人们的需求日益多元化，建筑归根结底是服务于人的，满足人的不同需求，这是一栋建筑出现的最根本原因；另一方面是环境的因素，不同的地理环境、不同的城市、不同的历史文脉等也造就了公共空间的多元化。而所谓城市公共空间核心价值也正是这两个方面，一是满足使用者的多元化需求，二是融合环境。

　　本设计的主题是"看与被看"，"看"为音乐公园游客观看演出的基本需求，"被看"则是强调建筑要成为环境的一部分，融合于自然环境，成为一道亮丽的风景线。"看与被看"反映了作者对于城市公共空间核心价值的理解。

　　本设计选址为中央公园内预留的建设地块之一，位于整个中央公园的东北方位，基地一边为中央公园边界，临近城市道路，设计考虑整合公园内基地附近几处水域，形成公园中心湖泊，在此处设计公园的游客中心，面朝湖泊，背临山丘，形成公园的门户。考虑音乐公园的特色，利用依山傍水的优势，设计下沉舞台与水中舞台，同时利用屋面形成看台及活动区域，建筑屋面不同角度的高低起伏之势也与环境融合。建筑在成为游客体验室外观演和休息场所的同时，也成为公园环境的一部分，这也正是对设计主题的诠释。

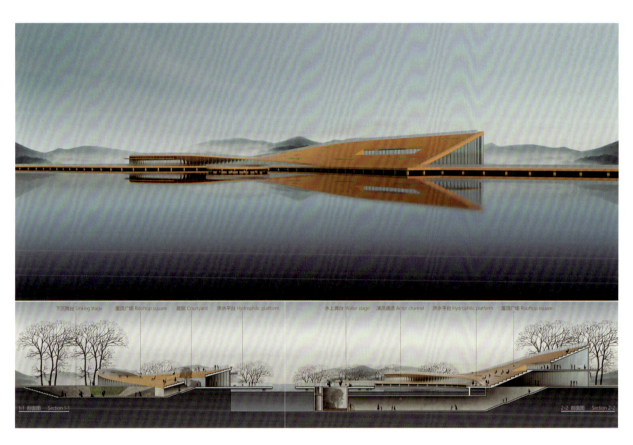

下沉舞台 Sinking stage　　屋顶广场 Rooftop square　　庭院 Courtyard　　亲水平台 Hydrophilic platform　　　水上舞台 Water stage　　演员通道 Actor channel　　亲水平台 Hydrophilic platform　　屋顶广场 Rooftop square

1-1 剖面图　Section 1-1　　2-2 剖面图　Section 2-2

屋顶广场 Rooftop square

水上舞台 Water stage　　　　　　　　　　　　水上舞台 Water stage　　演员通道 Actor channel　　　　　　　水上舞台 Water stage

下沉舞台 Sinking stage　　　　　　　　　　　　下沉舞台 Sinking stage

总平面图 Site plan　　　　　　　　　　　一层平面图 First floor plan　　　　　　　　　二层平面图 Second floor plan

屋顶广场 Rooftop square

0　10　20m　　　　　　　　　　　　　　0　10　20m　　　　　　　　　　　　　　0　10　20m

优秀_奖 / **Hidden in The Forest**
半屋·隐林

小组成员：曾庆健
单位 / 学校：同济大学

设计为隐藏于树林中的休闲度假树屋，以传统坡屋顶住宅为原型，演变出可以适应各种树林场地的半屋原型。自由组合的平面由此产生，可以满足不同人群的居住体验需求：单身、情侣、家庭、好友等。旅客可以定制专属的树屋空间。坡屋面上的天窗正对床铺，当夜晚开启时，可以躺在床上，看着天上星光，享受与城市不同的静谧时光。

凯州新城
new city

水-林-间
Water - forest

选点
Site

设计说明
Design description

构造与组合　Structure and combination

墙体组合与楼板构造 Wall combination and floor structure　　屋架结构 Roof truss structure　　节点 node

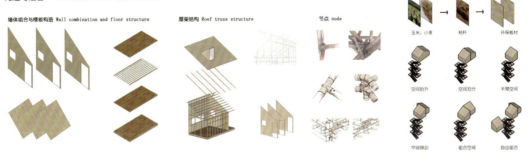

玉米、小麦　　秸秆　　环保板材

空间抬升　　空间划分　　半层空间

空间错动　　组合空间　　自由组合

立面图　　1-1 剖面图　　单人平面图　　组合房平面图

建造过程
construction process

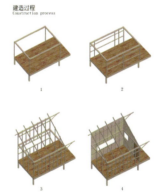

1　　2　　3　　4

春景
Spring scenery

夏意
Summer scenery

优秀奖

Overlooking·Infinite Floating Corridor

眺望·无限浮廊

小组成员：李秋实

单位 / 学校：上海市政工程设计研究总院（集团）有限公司

眺望是我们心系远方的最优雅的姿态，无论过去还是未来，有一次时空轮回的对话，也许是生命节点中最奇妙的体验。

无限浮廊旨在开展人民渠空间与时序间的对话，隐于自然山地间，眺望时间流逝。浮廊体量适宜，在充分与自然环境融合的同时，以浮的姿态去若隐若现地表达。现代设计已不再只强调个体，而是人与自然、人与文化、人与世界的关系。

浮廊在一片树林之中，不同竖向标高对应不同的视野方向，你能在景观平台上享受场地全角度的自然景观，也许只有圆能带来这样独一无二的视线体验，无限的视野

效果图
Perspective Rendering

是无限浮廊的第一层含义。

浮廊最开始的形式是从符合"音乐公园"元素的角度出发，以闭合的五线谱去寻找造型突破，希望游人在浮廊中游玩能忘记时间，迷失方向，能够享受穿梭在树林间的当下时光。两个回环的巧妙连接打破单一乏味的游览路线，只要你愿意再次停留便可无限循环在浮廊之中，无限循环的路线是无限浮廊的第二层含义。

最高点的视野留给"人民渠"的渡槽，因为他顽强的生命力让时间也无法褪去他的光芒，他的可持续性是无数劳动人民智慧的结晶，历经百年风雨依旧璀璨，他是历史的丰碑，更是时代的阶梯。为了与之对话，无限浮廊的结构也不是一般的梁柱结构，而是采用独特的"双曲面交叉悬索结构"为结构基础，通过更加夸张的处理、构件的优化，带来视觉上的独特的冲击力。

自支撑的结构，以不稳定性带给人浮游的感觉。身处浮廊，你可以眺望心中远处的风景；游于浮廊，你可以沉浸于这无限的山水之间。无限浮廊只是提供一种可能，有或没有都无法阻碍人与自然的亲近。

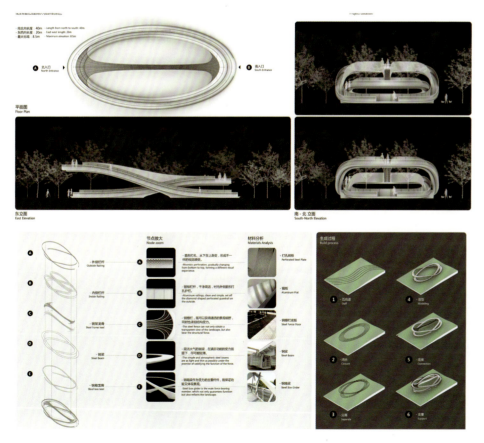

优秀奖

Rainbow Cross
Public Space Design on
Changhong Aqueduct
虹影渡——长虹渡槽公共空间改造设计

小组成员：寇宗捷、江宗水、刘沛桐
单位／学校：青微舍建筑设计

虹影渡筑于长虹渡槽之上，是一个集合了人行桥、市民广场、小型餐厅、公共卫生间和观景塔的线性公共空间改造设计。旨在结合现存建筑与场地山水关系的同时，为市民和游客提供一系列可观可玩可赏的景观功能基础设施。

设计始于长虹渡槽，将长久流于渡槽上的灌溉之水视为镜，悬垂链形态的石拱垂直翻转生成新的建筑形态，如同水中的倒影。建筑与渡槽之下的河池相映成趣，形成长虹之影。与此同时，新构筑物设计有行人的穿越步道，故名为虹影渡。

新建构架覆盖于渡槽之上，采用半独立的钢木结构，反转的拱形由金属网与织物悬挂而成，尽可能轻地介入场地。功能空间采用半通透的围合，如同一个个白色的盒子漂浮于水槽之上，不同功能的空间散布在桥面之上，丰富了人们的步行体验。同时，长斜坡道出挑于桥面两侧，为残疾人提供了良好的可达性。

栖于山水之间，浮于飞槽之上，愿虹影渡能够开启人们体验人民渠的新模式，成为凯州新城未来基础设施中不可或缺的部分。

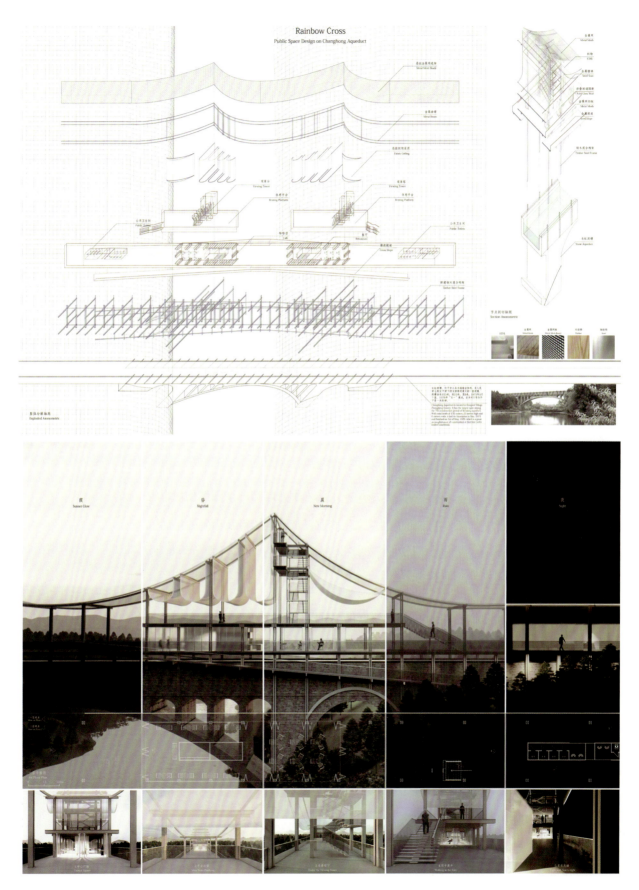

Rainbow Cross
Public Space Design on Changhong Aqueduct

优秀奖／Empty Mountain · Stream

空山·涧

小组成员：黎欣欣、王维伟、王辉
单位／学校：内蒙古科技大学
指导老师：白胤

　　本次设计选址于凯州新城中央公园预留建设用地，该基地位于中央公园的北侧边界，北邻城市公共服务建设用地，南对中央公园内面积最大的湖泊，具备城市公共空间的过渡衔接条件。在多层次反映城市公共空间生活体验的基础上，以生态为核心，以提升城市市民的生活品质和城市形象为切入点，进行本次生态生活体验中心设计。

　　基地内人民渠横跨整个中央公园，长期为当地人民提供生活和农业用水，对人民群众生活和社会经济发展有重要意义。发展具有地方特色的现代化生态农业，推动传统农业向特色高效的农业转型。

　　本次设计以生态和农业为主题，从小尺度和多用途入手，建造一个现代化生态农业科技展示、生态农产品体验、地方特色创意文化沙龙以及游客接待及用餐的生活体验中心。在此基础上整合城市外部空间环境，结合本地区特色历史文化，在建筑选材、建造形式等方面体现地域文化特色，为市民和外来游客创造出了一个丰富多彩的公共场所。方案同时提出了后期运营理念，为生态城市的发展提供了新的视角与方法。

后期运营理念：

在推行乡村振兴战略背景下，我们应推动打造农业品牌，推进农产品深加工工作，围绕如何让消费者进得来和留得住，如何让消费者主动分享和长期消费等方面进行思考。

农产品体验区：这是让顾客最容易对生态农业产生兴趣的区域。生态农业体验的是创造性，而这种"创造性"体验也来自消费者的实际需求，用以满足消费者对农产品生产和食品安全的好奇心理。故在体验方式上进行多样化处理，例如：农业科技展示、农产品种植培育教学、自摘果蔬、DIY 厨房等，并考虑客户的年龄、性别、职业等因素，趣味性和季节性的活动不断更新。

地方特色创意文化沙龙：这是让顾客最容易留下印象的区域，使顾客长期关注其主题，并开展体验促销活动，让消费者有回头意愿与兴趣。重点与外界企业团队结合开展活动，提升顾客消费质量。

游客接待及餐厅：这是最容易让顾客开心的区域。一方面要满足消费者物超所值的观念，另一方面要留下"怀念"与"遗憾"，以求下次光临。在本区域设置健康科普教室、养生餐厅（火锅、插花、拼盘等）、养生商店等。

方案利用创新性、地域性、可持续性以及以人为本的设计理念，从具体场地和微观角度入手，创造了一个极富创意和诗意的公共活动空间，并提出后期运营理念，最终达成一种城市宜居、自然和谐的美好场所。

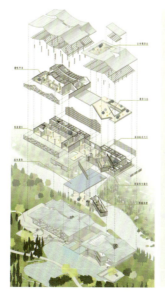

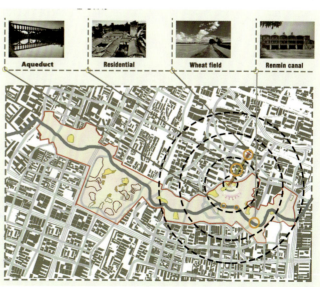

凯州新城大师工作营
重要历程回顾